四川省社会科学"十三五"规划项目"新建地
哲学社会科学科研创新团队建设研究（SC16B

成都师范学院学术专著出版基金资

U0684219

新建本科院校 科研创新
团队建设与管理

XINJIAN BENKE YUANXIAO
KEYAN CHUANGXIN
TUANDUI JIANSHE YU GUANLI

李　巍　王亚莉　刘延金◎著

四川大学出版社

项目策划：邱小平　梁　平
责任编辑：孙滨蓉
责任校对：周　洁
封面设计：璞信文化
责任印制：王　炜

图书在版编目（CIP）数据

新建本科院校科研创新团队建设与管理 / 李巍，王
亚莉，刘延金著．— 成都：四川大学出版社，2018.12
（2024.6 重印）
　　ISBN 978-7-5690-2619-1

　　Ⅰ．①新… Ⅱ．①李… ②王… ③刘… Ⅲ．①高等学
校－学术团体－科研管理－研究－中国 Ⅳ．① G644

中国版本图书馆 CIP 数据核字（2018）第 285976 号

书　名	新建本科院校科研创新团队建设与管理
著　者	李　巍　王亚莉　刘延金
出　版	四川大学出版社
地　址	成都市一环路南一段 24 号（610065）
发　行	四川大学出版社
书　号	ISBN 978-7-5690-2619-1
印前制作	四川胜翔数码印务设计有限公司
印　刷	永清县晔盛亚胶印有限公司
成品尺寸	148mm×210mm
插　页	1
印　张	7.5
字　数	203 千字
版　次	2019 年 11 月第 1 版
印　次	2024 年 6 月第 2 次印刷
定　价	58.00 元

◆ 读者邮购本书，请与本社发行科联系。
　电话：(028)85408408/(028)85401670/
　(028)86408023　邮政编码：610065
◆ 本社图书如有印装质量问题，请寄回出版社调换。
◆ 网址：http://press.scu.edu.cn

四川大学出版社
微信公众号

前　言

创新是国家进步的灵魂，知识创新、意识创新、技术创新已成为时代的主旋律。创新精神已成为世界经济社会发展的驱动力。

国家创新的根本在于教育，关键在于人才的培养。高等院校是国家创新体系的重要承担者，肩负着科教兴国和人才强国的双重使命，在创新平台建设、创新人才培养和承担重大科研任务方面发挥着重大的作用。高等院校的三项基本职能（培养人才、发展科学和社会服务）的发挥，决定了高校科研创新团队的三项发展目标：一是发现和培养创新型人才，二是开发创新型成果，三是协助建设创新型国家。因此，高等院校各级各类的科研创新团队是创新动力与源泉。新建本科院校作为高等院校的重要组成部分，研究其科研创新团队建设具有重大的理论意义和实践意义。

新建本科院校作为刚刚晋升为本科层次的高校，无论是科研建设的基础、经验和实践，还是科研创新团队建设的综合实力，都无法同一般的本科院校特别是重点本科院校相提并论。新建本科院校科研创新团队建设的理论研究还处于探索阶段，不够成熟，研究成果多偏重于经验总结和个案分析，系统性基础理论的研究不足。因此，新建本科院校科研创新团队的深层内涵、发展趋势、发展规律与模式，以及建设方法和有效运行机制等基础性、根本性的问题都亟须深入研究。目前，新建本科院校创新团队研究不够系统：其定义与特征、分类与作用、发展规律与运行机制等还缺乏科学、系统的分析，新建本科院校科研创新团队的管理机制也有待加强，新建本科院校创新制度与政策研究还缺乏针对性，科研创新团队与创新能力的关系研究稀少等。深入探讨上述问题有利于丰富高等教育管理理论，拓展高等院校科研管理理论和科研创新理论。

本书依托相关学科的有关理论及其解释模式，在新建本科院校科研创新团队建设这个问题上，做了理论研究、比较研究、历史研究和实践研究。在此研究过程中，力求做到两个"坚持"：第一，坚持以"科研创新团队建设"为中心，通过回顾过去，面对现在，展望未来，试图把科研创新团队建设的历史、现状和未来发展趋势结合起来，探讨新建本科院校科研创新团队建设发展的规律。第二，坚持理论与实践结合，对新建本科院校科研创新团队建设中每一个问题的分析，既要阐明这一问题发生、发展的规律，又要揭示当前面临的任务以及今后发展的趋势，以便为当前新建本科院校科研创新团队建设服务。

我们撰写本书是为了探寻源流，理清脉络，形成理论，服务高校。具体有三点：一是揭示新建本科院校科研创新团队建设发展规律。本书以兴起和发展为线索，探讨新建本科院校科研创新团队建设的发展过程及发展规律，为当前我国新建本科院校科研创新团队建设提供一些参考和借鉴。二是为高等教育创新服务。当前，面对我国新形势，教育要创新，高等教育改革的步伐需不断加快。三是建好新建本科院校科研创新团队。对新建本科院校科研创新团队建设进行探索与实践，探讨其理论基础，为新建本科院校建设科研创新团队提供支撑。

新建本科院校科研创新团队建设与管理的研究是一个新的研

究领域，本书做了初步探索，期望起到抛砖引玉的效果，但由于时间、认知以及能力有限，本书还有不少疏漏和不足，恳请各位专家、同仁和读者批评指正。

李　巍

2019 年 3 月于成都师范学院

目　录

第一章　新建本科院校科研创新团队建设的文献研究

科技创新是社会进步的先决条件，国家大力提倡科技创新。科技兴则国家兴，科技强则民族强。创新已经成为我国社会经济发展的助推剂，加速建设社会主义创新型国家，是实现中华民族伟大复兴的必然选择。高等学校传统的发展模式在如今信息化、网络化、全球化的新时期已经发生了重大变革。

第一节　研究背景与研究意义

1999 年起，我国高等教育迈入大众化发展阶段，新建本科院校通过专科升级为本科的途径应运而生。新建本科院校的发展面临着提升层次型和加强应用型两个方面的挑战，既要适应本科院校的建设要求，又要符合区域发展要求和提升其服务地区经济的办学、科研能力及水平。教育部、国家发展改革委、财政部于 2015 年 10 月 21 日联合印发了《关于引导部分地方普通本科高校向应用型转变的指导意见》，指出：我国面对经济结构深刻调整、产业升级加快步伐、社会文化建设不断推进，特别是创新驱动发展战略的实施，高等教育结构性矛盾更加突出、同质化倾向严重，科研创新团队的建设有利于推动新建本科院校专业化智库建设，也有利于深化教育体制的创新与改革。

随着学科界限的不断模糊，不同知识的交叉度、融合度日益增强，知识经济时代下各分支学科的发展综合化趋势日益加强，学科间的相互渗透也达到了极高的程度。原先封闭、分散的个体研究过于低效，而学术成果的生成也应由原来的以个体智慧为主向依托一定规模的，强调开放、协作的集体研究转变。与此同时，科研创新也从依靠项目领头人的个人能力向团队智慧转变。高校作为科研创新推动者，在社会经济发展中，尤其是科技知识领域占有重要地位，科研团队的建设与合作创新的重要性不言而喻。但是，高校科研创新团队的建设并非一朝一夕就能完成的，如何打造出高绩效的科研创新团队，选拔和培养出能引领团队发展的科研创新团队带头人，有效提高高校的科研创新能力，成为高等教育管理者和研究者共同关注的问题。

一、国际背景

创新是一个国家进步的灵魂，技术创新、知识创新、管理创新成为时代的主旋律。高等学校逐渐成为国家创新发展、创新建设的主要力量，高校创新发展的有生力量则是富有创新意识、创新能力，坚持创新发展的各种科研团队。

（一）时代发展的主旋律是创新的发展

随着经济全球化的推进，风起云涌的市场变化带来了更激烈的国际竞争，许多国家选择建立国家创新体系，提升创新竞争力和综合国力，走创新型国家之路。[①] 不仅 21 世纪社会经济的发展更加依赖体制与技术的创新，全球面临的自然资源、生态平

---

① 邱均平、谭春辉：《国家创新能力测评五十年》，载《评价与管理》，2007 年第 4 期，第 1~8 页。

衡、环境污染、人口质量等重大问题，其解决之道都离不开科技创新和制度创新。

科技创新的迅猛势头凸显出它作为综合国力竞争的重要性。世界各国尤其是发达国家为在国际竞争中争取主动权，纷纷把国家战略重点放在科技创新上，各国开始重视基础研究，大幅度提高科学研究的经费投入，科技成果的转化速率也不断加快，并为经济社会发展提供推动力。

一个国家不只是经济领域需要创新，其他领域也需要创新，主要表现在以下几个方面：一是自然资源的开发与利用。人类社会正在从传统的石油、天然气等化石能源体系走向新能源社会。美国页岩气开采技术的发展，清洁新能源技术的发展与利用充分表明，科技创新需要致力于建设环境友好型、资源节约型社会。二是生态环境的保护措施。为应对全球气候变化，创造可持续发展的人类社会和生态文明，修复工业革命以来被破坏的生态环境，人们对社会发展模式的思考要进行创新。三是人口增长与医疗保障。在应对人口增长与质量问题、心理障碍和精神性疾病、老年性疾病、新的传染性疾病等问题上，相应的科技和制度需创新。四是各学科的交叉融合让创新处处都能应运而生。①

当今社会，科技发展日新月异，科学技术的发展速度并不会减缓，反而会势头更猛。各国之间的竞争与合作广泛而深入，各学科之间进一步交叉融合，使得跨学科、跨部门、跨国界的产学研合作已成趋势，知识共享和知识产权保护的发展为公平竞争提供了保障。各地政府、高校纷纷加大对优秀人才的引进力度，特别是具有创新能力的新经济、新技术人才和团队，以便取得人力资源配置的优势。

---

① 张茂林：《创新背景下的高校科研团队建设研究》，北京：中国社会科学出版社，2014年版，第2页。

（二）建设创新型国家的重要力量是高校

研究发现，发达国家的高校，特别是研究型大学，为推进建设创新型国家的进程贡献了很多力量，主要集中体现在以下两个方面：

（1）创新人才的培养。以美国为例，从 20 世纪 80 年代中期开始，美国逐年加大了对工科创新教育和研究的资助。[①] 美国原总统奥巴马于 2009 年发起了一场旨在提升在美学生的创新能力的校园行动计划。美国高校的研究生教育吸引了大量外国留学生，许多留学生毕业后选择留在美国，可见其成功实施的创新教育，为国家科技创新能力的提升储备了充分的人才。

（2）创新成果的产出。同样以美国为例，拥有世界上最发达的高等教育是美国科技创新领先于世界的重要原因。同时，美国高校在提出理论、设计原型、技术创新、成果转化到政府支持、产研共举等诸个环节均有一套行之有效的体系，并始终进行技术更新和思想解放，使其科技创新能力处于世界领先水平。发达国家通过技术转移等创新政策推动了高校为本国建设创新型国家贡献力量。美国、英国、日本、德国等都相继制定并提出了关于创新的法律法规和倡议，为其高校的理论创新提供了支持，不断促进创新成果的产出。

（三）高校创新的主力军是高校科研创新团队

研究不再是单一个体的工作，而需要多学科、多部门协同完成，高等学校、研究机构的建立和发展也是符合这一发展趋势的。可以说，高校科学研究的发展与当今社会科技进步的发展规

---

① 张茂林：《创新背景下的高校科研团队建设研究》，北京：中国社会科学出版社，2014 年版，第 3 页。

律决定了合作研究的必然性。美国科学家普赖斯（D. Price）在
20 世纪 60 年代提出了"大科学"概念，指出学科的高度分化和
科学研究的日益规模化，科研活动不再是独立的个人行为，而是
逐步走向团队合作，成为一种多人员、跨学科的集体行为，即随
着社会的科学化进程不断推进，社会各个方面的科学化程度不断
加深，科学研究逐渐从学院时代过渡到全球时代，逐渐转换为一
种"大合作"形式。高等学校科研创新团队自然而然地成为高校
创新中的主力军。高校科研创新团队正是在这种背景下形成并不
断成熟的一种科研组织形式，且在高校创新过程中发挥越来越重
要的作用。

　　如今，各国高等学校已发展出项目团队、实验室、实践平
台、产学研中心、研究中心、研究团队、峰会、论坛等以跨学科
协作研究为主、以集体研究为特征的基层学术组织。综合应用型
高校学科的多样性和研究氛围的自由性，为高校科研创新团队的
建立提供了适宜的条件，依托这些基层学术组织的高校科研团队
结构与形式也在不断发生变化。本书将从提升高校创新竞争力、
推进高校学术发展的角度，对高校科研创新团队的建设进行深入
研究。

二、国内背景

　　党的十九大报告提出，创新是引领发展的第一动力，是建设
现代化经济体系的战略支撑。[①] 建设创新型国家已经成为我国发
展的奋斗目标，而高等学校作为我国建设创新型国家的重要有生
力量，必须全力推动科研创新团队的发展。

---

　　① 《创新驱动，让中国智造领跑世界》，人民网－人民日报，2017 年 10 月 21
日。

（一）建设创新型国家已成为我国发展的迫切需要

持续的科技创新才能带来可持续发展，但真正的科技核心技术是无法单纯用金钱购买，核心技术中涉及的国防安全尖端技术等方面将会对主导产业及装备制造业产生影响。因此，我国必须依靠自身力量建立自主创新的科技发展体系，从而实现现代化的奋斗目标，建设创新型国家。

我国探索乃至实践创新型国家这一战略已经有了一段时间。1978 年 3 月，邓小平在全国科技大会上指出四个现代化的关键是科学技术现代化，并提出科学技术是第一生产力。1985 年 3 月，邓小平在全国科技工作会议闭幕式上做了题为"改革科技体制是为了解放生产力"的重要讲话，国家开始对科研院所进行改制，出现了大量新型科研院所和研究型企业；同年，中共中央发布了《关于科学技术体制改革的决定》。1986 年，国家自然科学基金委员会获批成立；国务院出台了一系列科技政策和科技计划，包括星火计划、"863"计划和火炬计划等。1995 年 5 月 6 日，《中共中央国务院关于加速科学技术进步的决定》首次提出在全国实施"科教兴国"战略。党的十四大提出由粗放经营向集约经营转变，党的十五大提出加速科技进步是经济社会发展的关键点。

2005 年，党中央、国务院做出了建设国家创新体系的战略抉择。2006 年，《国家中长期科学和技术发展规划纲要（2006—2020 年）》指明了我国未来 15 年的科技发展目标。2006 年 2 月国务院相继印发实施《国家中长期科学和技术发展规划纲要（2006—2020 年）》的若干配套政策，这些配套政策包括科技投入、税收激励、金融支持、政府采购等十个方面。随后，科技部、财政部和教育部等有关部委依据要求制定了许多配套政策实施细则，各级地方政府也结合本地实际，依照法定权限制定相应具体措施。2008年2月，建设创新型国家战略推进委员会成立，为建设创新型国家打造国家级智囊团。①

2012年党的十八大再次强调坚持走中国特色自主创新道路、实施创新驱动发展战略，这是对创新型国家建设目标的进一步发展和升华，为创新型国家建设提供了更为科学的方法论。2014年6月，习近平总书记在中国科学院和中国工程院院士大会上指出，要走中国特色自主创新道路，坚持自主创新、重点跨越、支撑发展、引领未来的方针，从制度建设、人才培养和科技发展方向等方面为创新型国家建设指明了方向，并明确提出了加快创新型国家建设步伐的要求。2016年5月，党中央、国务院印发《国家创新驱动发展战略纲要》，提出了创新驱动发展的"三步走"战略目标：第一步是在2020年进入创新型国家行列，基本建成中国特色国家创新体系；第二步是到2030年跻身创新型国家前列；第三步是到2050年建成世界科技创新强国。在创新型国家建设历程中，我国不断完善顶层设计，在战略规划、制度建设、确定目标等方面为创新型国家建设提供了日益完善的战略指导与制度保障。

（二）高校已成为我国建设创新型国家的重要力量

国家创新的根本在教育，关键是人才的培养。高等学校是国家创新体系的组成部分之一，肩负着科教兴国和人才强国的双重使命，在创新平台建设、创新人才培养和承担重大科研任务方面发挥的作用越来越大，在建设创新型国家中具有不可替代的作用。

教育部结合《面向21世纪教育振兴行动计划》于20世纪

---

① 张茂林：《创新背景下的高校科研团队建设研究》，北京：中国社会科学出版社，2014年版，第9页。

90 年代启动了教育部工程研究中心的建设。各地高等学校逐步形成了由国家级重点实验室、国家实验室、国家工程研究中心、国防科技重点实验室、教育部重点实验室组成的研究实验基地结构体系，以国家工程研究中心、教育部工程研究中心、省部级工程研究中心为核心的技术创新体系，以大学科技园、技术转移中心为平台的成果转化与服务体系，创新平台的体系结构和体制日趋成熟，有力地推动了高校的科研创新工作。

（三）高校科研创新团队人才队伍壮大，水平不断提高

《国家中长期教育改革和发展规划纲要（2010—2020 年）》（以下简称《纲要》）指出："以中青年教师和创新团队为重点，建设高素质的高校教师队伍。大力提高高校教师教学水平、科研创新和社会服务能力。促进跨学科、跨单位合作，形成高水平教学和科研创新团队。"《纲要》为高等院校的高水平科研创新团队建设指明了方向，是落实党和国家建设创新型社会的重要举措。高校科研创新团队特别是高水平科研创新团队，在建设创新型国家的过程中发挥着越来越重要的作用。

高校科研创新团队是高校创新环境的培育者，是高校创新能力、创新水平的重要支撑，是高校创新实力的橱窗。高等学校科研创新团队数量与其创新能力的高低是密切相关的。学校创新团队数量越多，质量越高，则该高校创新能力越强。随着我国科研创新团队的不断发展与壮大，学术科研创新越来越依赖高等院校科研创新团队特别是高素质的科研创新团队，他们在高校创新能力的培育和发展方面发挥了不可替代的作用，对提升高校创新优势产生了积极而重大的影响。

三、研究意义

世界发达国家掌握了一流的教育资源，其中包括一流的科研

创新团队。创新团队的建设在高校创新中的作用愈加重要，因此应加强高校科研创新团队建设的理论研究，加强高校高水平科研创新团队和创新体系建设，从而提升高校的科研水平，提高高校创新能力。这是建设一批世界一流大学的关键所在。同时，《纲要》的表述非常重视创新，在《纲要》中共计出现 63 次"创新"。创新已成为教育特别是高等教育的时代主题，通过比较国内外现有关于科研创新的研究，以及对创新团队建设问题的分析和对策思考，研究创新背景下的新建本科院校科研创新团队建设，探讨新建本科院校科研创新团队建设的基本理论，分析高校创新能力与科研创新团队的关系，特别是高水平科研创新团队建设等问题，对丰富高等教育管理理论，拓展高等学校科研管理理论和科学研究创新理论都具有重大的理论意义和实践意义。

第二节　新建本科院校科研创新团队概念界定

创新团队这一概念盛行于 20 世纪 80 年代的日本，90 年代在美国流行开来。这时团队已演变成现代意义上的团队，团队研究逐渐成为一种理论流派。著名管理学家德鲁克（Drunker）认为，团队是一些知识结构互补并为共同承担责任的统一目标或标准而工作和协助的一定数量人员的集合，每一个研究人员都是这个集合的元素。① 他认为团队的本质特征包括团队运行的核心要件是共同奉献，能将共同目标转换为具体的工作要求，具体目标与整体目标之间存在联系。

美国学者乔恩·R. 卡曾巴赫与道格拉斯·K. 史密斯在《团

---

① 池颖：《我国高校科研创新团队建设研究》，长春：吉林大学学位论文，2009年。

队的智慧——创建优绩组织》一书中指出，团队是指愿意为了共同目标而相互协作的有一定的互补技能的个体所组成的正式群体。[①] 这一定义区分了团队与群体的不同，也就是说，所有的团队都是群体，但只有正式群体才是团队。可以看出，团队的本质特征是以任务为导向，拥有共同的奋斗目标，以互补技能进行有效交流与合作。

综合上述理论可以得出，创新团队是必须有共同的奋斗目标，同时又能发挥个体主观自觉，进行创造性活动并产生一定价值成果的正式群体。在科学研究领域，创新团队的概念自然可以固化为科研创新团队。成员之间相互依赖程度不高、缺乏合作，个人目标与组织目标不一致，抑或个人目标凌驾于组织目标之上的科研群体都不是科研创新团队。只有具有相当的依赖程度并且群体目标高于个人目标之上而达成共识的才称得上科研创新团队。

高校科研创新团队本质上是知识团队。有学者提出高绩效知识团队的几大基本特征，包括明确的目标、赋能授权、信任与沟通、合适的领导等。具体来说，就是具有特色鲜明的研究方向和研究目标，拥有优秀的学科带头人，以重点实验室或者工程中心为依托，以优秀学科带头人为领导，以科学研究与应用技术开发为内容，拥有合理年龄和学缘结构的学术梯队，多种学科交叉协作，人数不多且相互专业方向、能力互补，具有相同的科研目标和工作方式、方法，能够互相承担责任，还应具有广泛的国际合作与交流，学术平等、资源共享的团队氛围等。

---

① ［美］乔恩·R. 卡曾巴赫、道格拉斯·K. 史密斯：《团队的智慧——创建绩优组织》，侯玲译，北京：经济科学出版社，1999 年版。

第三节　研究现状

2017 年 7 月，我们通过对国家学术期刊网等全文数据库、必应学术、百度等站点学术引擎的检索，发现关于科研创新团队的研究已有渐丰之势，但结合新建本科院校背景，以及人文社科类学科特定条件的研究却微乎其微。

这样说并非意味着本论题是全新的论题，对国内外相关研究文献进行综述，得出文献综述结论，可以为本研究奠定基础。与本课题相关的研究，如关于普通高等院校科研创新团队的研究、团队创新能力的研究、团队人员配置优化的研究等，都具有借鉴及参考价值。

通过梳理，笔者对现有国内外文献进行了深入分析，拟从新建本科院校研究、高校创新团队的研究、高校创新能力的研究、高校科研创新团队的研究、待解决的问题等五个方面进行阐述。

一、关于新建本科院校的研究

为落实教育部《面向 21 世纪教育振兴行动计划》中所提出的"到 2010 年，我国高等教育要进入大众化阶段，即毛入学率要达到 15％"的目标，自 1999 年起，我国相继出台了若干政策，高等教育规模进入急速扩大的时期。截至 2015 年，全国普通高等学校数量由 1999 年的 1071 所增长到 2560 所，增长率高达 139％，在校学生数则由当年的 400 多万人增长到 2600 多万人，高等教育毛入学率也大幅提高，从 10.5％上升到 40％，远高于马丁·特罗（Martin Trow）所提出的大众化阶段毛入学率 15％。我国高等教育的发展不仅提前进入大众化阶段，而且已经处于大众化中后期的阶段。

在高等教育规模迅速扩大的过程中，新建本科院校逐渐成为中坚力量。近年来新建本科院校在推进高等教育大众化进程和履行推动地方经济发展的重要使命的同时，完成为社会输出高新技术、高质量人才的重要任务，成为政府和学界关注的热点。

瑞典学者胡森在《简明国际教育百科全书》一书中将"院校研究"定义为"用来描述有组织地收集、记录和分析有关高等教育机构的计划、进程和环境的数据及信息的努力"。美国教育资源信息中心（ERIC）对于"院校研究"则给出了"对单个院校的研究，通常是为了帮助这所院校更好地理解自身的运行状况"的定义。由此看来，可以将院校研究简单地理解为高等院校旨在增进对自身的了解，促使院校规划、管理与运行状况得以改进的研究。按照这种理解，本书就院校研究和相关内容研究的基本状况做出以下评述。

（一）新建本科院校的办学发展定位

办学定位是高校在某一时期对自身发展情况和角色特征的思考，它是高校办学思想的指向性内容。学者们从不同角度对新建本科院校的定位问题进行了研究。

1. 定位的标准

有学者认为新建本科院校在发展定位时应遵循三大原则，即在具有前瞻性目标下的行为可操作性、根据实际情况进行取舍、在传统基础上进行创新以及可持续发展。新建本科院校的发展目标定位是"高质量"的地方高等院校；办学层次定位往往应以本科为主；人才培养定位是培养理论学习与技能实践并重的应用型人才；学科专业定位为应以三个以内的学科大类为方向，允许学科差异发展；学校的服务面向定位则应以所处地域为依托。

2. 定位的不足

新建本科院校往往在办学定位方面存在四种误区：对定位标

准理念认识存在偏差，各类院校职能定位存在趋同化，学校的人才培养定位不清晰，在学科建设定位上贪大求全和闭门造车。另外，有学者认为，新建本科院校在定位上存在着对办学规模的盲目发展，在专业结构方面存在同质化的问题。

（二）新建本科院校科研创新团队建设面临的难题

《地方本科院校转型发展实践与政策研究报告》中总结出的七点困境涵盖了学界关于新建本科院校科研创新团队建设问题的大部分意见：学科专业设置与地方产业结构不匹配、办学定位趋同、科学研究追求"重科学、轻技术"、师资引进方面"唯学历论"、人才培养方面"重理论、轻实践"、实验实训条件差、产学研合作缺乏深度。

基于这些问题，教育部、国家自然科学基金委、国防科工委等部门相继启动了创新团队建设计划，各级政府、高校、科研机构也在不同层次、不同范围内建立了创新团队。其中，高校科研创新团队建设是我国实施"创新型国家"发展战略的重要任务，受到国家、社会各界的广泛关注与重视，其基于优势资源互助共享、知识结构互补更新的运行模式对科技攻关和创新型科研项目具有巨大的促进作用。

二、关于高校创新团队的研究

（一）国内外关于创新团队的研究

在传统工业中出现依靠单个成员难以完成的任务时，自然产生了介于组织和个人之间的工作群体，类似团体的组织。有学者将团队定义为包含两人或两人以上，通过相互协调完成同一任务的小规模群体，但这种定义并没有突出成员的合作。

以任务为导向，拥有共同的行为目标和以互补技能进行有效交流与合作是团队的本质特征，而促进队员之间的相互交流与合作，关注团队目标并强调集体绩效则是团队管理的基本内涵。20世纪90年代后期，组织内外部的竞争更加复杂化，企业的创造能力是获取竞争优势的关键，团队也愈发强调成员关系和技能的紧密联系。在知识交叉融合的趋势下，面对重大研究课题，如何建立有效的机制聚集和利用知识资源，如何优化组织结构，满足和支持组织持续创新成为现代组织面临的重要课题，创新团队作为提供知识密集型产品及服务的新型组织，很大程度上能解决这一问题。

布鲁斯·塔克曼教授提出了创新团队生命周期四阶段模型：形成期、震荡期、规范期和高效期。在形成期，团队成员之间主要互换基本信息与职能分工，以明晰团队目标，并建立信任形成共享期望；在震荡期，成员之间会出现意见冲突和目标上的分歧；在规范期，冲突和矛盾会得到解决，并达成一致的工作契约，信任和合作也得到加强；在高效期，成员可根据团队目标自行开展积极有效的工作。

国内学者在此基础上提出了创新团队生命周期理论：孵化诞生期、成长（发展）期、高位运行期、衰退（再生）期。与塔克曼的理论相比，此生命周期的划分类似企业和产品的生命周期，一个重要区别是提出了衰退（再生）期，即创新团队在完成使命后，可能出现衰退情况或者进行新一轮的调整，如创新团队宣布解散，或者在原来的基础上以新的任务为导向组建新的团队。创新团队生命周期理论对建设创新团队具有以下启示：第一，创新团队的建设存在一个发展过程，不可能急于求成，也不可放任自流。第二，团队本身基于任务而存在，任务结束后，团队或者衰退，或者进行调整。第三，借鉴产品生命周期理论，创新团队的建设应具有竞争力，并构建驱动力，保证少数团队能够更有效率地获得成功。

（二）国内外对高校创新团队的研究

笔者在收集创新团队的研究资料时还发现，国外少有创新团队的说法，关于这方面的专门研究很少。目前认可度较高的关于创新团队的研究来自美国的哈里斯，他在《构建创新团队——培养与整合高绩效创新团队的战略及方法》一书中谈道：应当为构建创新团队提供一个实用的模型，强调"实用"这个词，是作为工具而设计的，旨在面对未来，可以应用和参考。其中的一些理论，对研究高校创新团队具有一定的借鉴意义。

国内关于创新团队的研究主要集中在 2010 年以后，主要是教育部制定《长江学者和创新团队发展计划》后，"创新团队"一词在国内流行起来。关于高校创新团队的研究也比较多，但许多研究具有重复性。这些研究文献集中对高校创新团队的成长评价、绩效评价、组织管理、理论基础、心理契约、存在问题和对策措施，以及高校科技创新能力、高校领军人才等进行了探讨，对本研究都有一定的参考价值。

国内学者对高校创新团队研究的内涵、特征、功能、知识共享、运行机制、发展规律、人际沟通和团队领导、学术环境等进行了有益的探讨，对本书的进一步思考也有一定的参考价值。

三、关于高校创新能力的研究

约瑟夫·熊彼特第一次从经济学角度系统提出"创新理论"。他认为创新是"新技术、新发明在商业中的首次应用，是建立一种新的生产函数或供应函数"。高校科研创新团队建设的目的，就是提升高校创新能力，为建设创新型国家服务。研究高校科研创新团队，就不可能绕过研究高校创新能力。

20 世纪 50 年代，创新研究开始兴起，到 80 年代后期，研究视野不断扩大。以弗里曼等为代表的学者认为，创新实际是一个系统的过程，系统的要素之间并非线性关系而是互动关系。系统的整体创新能力不仅依赖于其中的特定要素的表现，更依赖于系统中的要素之间的相互作用。从研究者对"创新"认识的演变可以看出，人们对创新的认识复杂多样，对创新的理解也在逐步发展。基于这种思考，人们开始从综合的角度来理解创新，系统的观念和方法逐渐深入创新研究中，目前普遍认为创新是一个复杂的系统化过程。

"能力"一般解释为具备某种技巧或才能，并能以此取得进步和成功的素质。任何层次的能力都是一种存量，具有渐进性和积累性。因此，创新能力的高低在于产生新知识、新技术，并用以创造价值及效益的现实能力和潜在能力的综合体现。关于高校创新能力研究，从创新评价角度进行研究的比较多，从其他角度进行研究的文献很少，从高校科技创新能力角度进行研究的文献多于高校人文创新能力的研究文献。

鉴于20世纪70年代日本经济的强势崛起，美国各界进行反省探讨后认为，造成这样结果的一个主要原因是美国高校不注重知识产权的经营，没有及时转化有价值的科技成果。1980年12月，美国国会迅速通过了《专利和商标法修正案》，即《拜杜法案》，并在各高校相继设立了专门的科技成果转化部门，为高校科技成果转化提供了直接的法律依据和政策激励措施。欧美工业化国家的经济发展在很大程度上从鼓励高校科技成果流入企业的政策中获益。目前国外这方面的研究热点主要是高校产出、技术转让效率的评价，专门针对高校创新能力的研究相对较少。具体归纳，国外的研究主要涉及三个方向：高校创新活动产出效率的评价，高校创新成果转化活动的机制分析，高校技术转让部门的效率评价。总体而言，一是对高校创新能力的内涵等基础研究较少；二是主要集中在高校创新活动的产出效率评价方面，高校创新能力这一概念的使用并不多见。

从研究方法看，目前大多数学者都采用高校截面数据进行效率评价研究。也有国外学者对创新能力评价研究做了一定的探索，获得了相应的研究结论，但是在具体指标设计、方法选用等方面仍然存在较大差异。此外，对于定量指标与定性指标的结合、绝对指标与相对指标的结合、长期目标与短期目标的平衡，以及评价的实时性、动态性方面的关注显得比较薄弱。

自 20 世纪 80 年代开始，国内关于高校科技创新能力的研究日渐丰富；90 年代中期后，国内除了开始大量出现"科技创新"词语之外，制度创新、理论创新等词语也逐步成为热门词语。对应高校的三大职能，并考虑目前国内研究热点，高校创新能力的研究可划分为高校科技创新能力、高校集成创新能力和高校人才创新能力。

国内主要以定量研究为主，所涉及的方法和工具也较为丰富。通过对高校之间科技创新能力进行综合评价，得出排名和改进建议，再进一步进行聚类分析、横向对比，得出特定高校所处的竞争地位评价结果，并提出改进建议。这些研究主要围绕五个方面展开：一是高校科技创新能力的界定，二是研究高校科技创新能力的意义，三是设计高校科技创新能力的评价体系与具体指标，四是探讨高校科技创新能力的评价方法，五是针对区域内高校科技创新能力的专门研究等。此外，关于高校集成创新能力、高校人才创新能力的研究都主要是以定性分析为主。

四、关于高校科研创新团队的研究

2004 年，教育部在《高等学校中长期科技发展规划纲要》中强调了中国高校所肩负的重要科研任务和发展方向，即到 2020 年，造就一批世界水平的学科和大学，丰富人才和创新成果储备，依靠高等学校支撑和服务国家整体发展建设。自 2000 年以来，中国高校已经逐步成为国内基础研究、关键性原始创新的主力军，我国在增加对高校科技研发与创新工作的经费投入的同时，也加大了对高校科研创新团队研究的资助，高校科研创新团队已经成为国家自主创新系统中科技产出与知识创造的主力军，是实现国家科技创新体系建设的重要支撑部分。

目前关于高校科研创新团队概念的研究主要有陈春华等提出的"科研创新团队作为开放式系统不断地同外界保持联系，成员之间经常交换信息、经验，允许竞争"，刘慧琴等提出的"科研创新团队是以科学技术研究与开发为主要内容，由为数不多的愿意为共同的科研目标而相互承担责任的专业学术人员组成的群体"，王怡然等提出的"以科研创新为目的，围绕共同愿景和目标，由技能互补并愿意为共同的目标而相互承担责任，并且在各个专业领域有一定专长的人组成的互动系统"等概念。虽然学者们对其定义的理解有所不同，但对于高校科研创新团队来说，顾名思义，就是指在高校中，为进行科研创新而组建的团队。"高校"主要指高等院校。"科研"则是社会和大学赋予其主要功能和根本任务，也是其社会责任的体现。"团队"是实现其"科研"功能的组织支持形式和保证。"创新"则是其根本目的，一个没有科技创新、知识创新的团队不能称为科研创新团队。对于我国高校科研创新团队建设中的问题，很多学者都有所研究，如柳洲、陈士俊认为国内科研创新团队结构上普遍存在组成不踏实、寿命短、自下而上半结构化、学科结构单一的问题。王晓萍认为科技创新团队虽然具有高知识层次、创新性，但管理体制难以适应科技创新需要，原始创新能力仍然低下。何铮、蔡兵、顾新认为"顶层设计缺乏，行政权力泛化，学术权力弱化"，以及动机不纯是高校科研创新团队现存的主要障碍。

目前研究高校科研创新团队的理论多是在讨论如何提高团队绩效，集中在组织管理、激励机制、创建精英团队、成员合作、组织有效性、团队生命周期等方面，真正涉及创新团队结构优化、绩效评价的研究较少。一方面，虽然有研究指出体系或评价中存在的不足，也有对制度上存在的缺陷以及评价方法的理论研究，但综合并深入地对科研创新团队评价的研究，尝试从综合的角度构建有明确权重的指标体系的研究还很少。另一方面，只有个别学者对部分高校的学术团队进行了研究，大部分都集中在企业、教师和学校上，有针对性地研究创新团队绩效评价的少之又少。

总而言之，目前学界对于高校科研创新团队的概念，高校科研创新团队建设中各个概念的认识提出了大量不同的看法，甚至某些认识还存在着一些误区，这将不利于我国高校科研创新团队的发展，因此，我们有必要对高校科研创新团队基本内涵、建设问题加以探讨。

五、关于待解决的问题

高校科研创新团队是高校基层学术组织中一种新的人才组织模式，是以国家、高校重要科研项目或者创新平台为载体，以优秀学者为团队带头人，以中青年拔尖人才为骨干，具有集体目标、良好互动性和凝聚力，既有明确分工又能统筹协作的紧密型创新研究群体。它在维护学科固有关系的同时顺应现代学科发展趋势，结合重大科研任务的需要整合力量，成员间优势互补、资源共享，具有协同效应和团队效应。

国内学者从我国高校创新团队建设的实际出发，对创新团队的基本特征、组建机理、发展规律、层次规模、组织结构、动力机制、规章制度、评价体系等问题进行了研究，对团队建设的制度环境和文化构成进行了深入、全面的探讨，从经济、社会、科技发展趋势和需要出发，结合高校的条件提出创新团队建设的重要性和必要性，并在此基础上对创新团队的管理制度、管理技术、建设方法进行分析。例如，创新团队的核心竞争力培养，学科带头人、学术权威对创新团队建设的影响分析，创新团队的团队规模、学科结构、管理方式、年龄结构的协调等。[①]

根据以上研究文献综述，通过对当前高校的管理结构分析，提出以学科为基础的院系行政管理模式不适应科学研究发展需要，具体表现在管理结构缺乏合理性、评价机制缺乏有效性、政策制度缺乏系统性等问题。具体可从以下几个方面展开：

一是高校科研创新团队研究总体处于经验阶段。高校科研创新团队理论研究不够成熟，还处于探索阶段，研究成果多数偏重于经验总结和个案分析，尤其是对高校科研创新团队的基础理论进行系统研究的成果更不多见。关于高校科研创新团队的深层内涵、发展趋势、发展规律与模式以及建设方法、有效运行机制等基础性和根本性的问题都亟须进一步深入研究。

二是高校创新团队研究还不够系统。虽然关于高校创新团队的研究出现了多篇博士论文和研究专著，但总体上关于高校创新团队的定义与特征、分类与作用、发展规律与运行机制等还缺乏科学和系统的分析，高校创新团队的问题分析和政策研究也有待加强。

三是高校创新制度与政策研究还缺乏针对性。目前的创新制度与创新政策研究主要是针对企业进行的，专门针对高校以及高校科研创新团队的创新制度与政策及其研究很少，特别是如何利用高校科研创新团队制度与政策，把高校科学研究创新与创新人才培养有机结合起来的研究特别需要加强。

四是高校科研创新团队与高校创新能力的关系研究稀少。目前还没有发现高校科研创新团队与高校创新能力关系的实证研究。正因为如此，高校科研创新团队与高校创新能力关系的研究将成为本研究的核心内容。

---

① 张卫良：《论大学"创新团队"的合规律性建设》，载《现代大学教育》，2015年第1期，第87页。

第二章 新建本科院校科研创新团队
建设的理念、原则与路径

第一节 组织构建理念

一、组织构建科研创新团队的背景

2016 年 5 月 17 日，习近平总书记在北京主持召开了哲学社会科学工作座谈会，提出坚持和发展中国特色社会主义必须高度重视哲学社会科学。中国的发展离不开哲学社会科学的指引，一个国家的繁荣昌盛离不开自然科学，也离不开哲学社会科学。在此新形势下，哲学社会科学的地位更加突出，任务更加繁重。但也存在亟待解决的问题，例如，哲学社会科学发展战略还不十分明确，学科体系、学术体系等建设水平总体不高，学术原创能力还不强；哲学社会科学教育体系不健全，学术评价体系不够科学，人才队伍总体素质亟待提高等。我国哲学社会科学还存在有数量缺质量的状况，作用尚未得到充分发挥。因此，新建本科院校组织构建科研创新团队显得尤为重要。

国家提出创新驱动的发展战略，要创新就离不开组织构建创新型的科研团队。要创新就要善于打破传统思维，树立科学的创新理念。

随着经济社会的快速发展，新建本科院校与重点大学相比，科研基础和能力相对薄弱，科研实力相对不足，科研创新团队建设相对滞后。因此，新建本科院校需要不断创新，提高自身的科研能力。

二、科研创新团队的发展历程

我国高等学校科研创新团队的建设越来越受到重视，并在制度上正式确立和发展起来，虽然只有十年左右的历史，但从科学发展史和高等教育史来说，它却有着悠久的历史渊源，是逐渐发展和演化形成的。[①]不同的时代和领域，团队有其不同的形态。在当代背景下，团队风靡全球，无论是学校还是企业，都流行以团队的形式进行学习和生产。

自从大学诞生以来，大学的发展经历了一个漫长和曲折的历程，其功能和职能也越来越丰富多样，逐渐从"边缘"走向"中心"，成为社会的"轴心机构"。大学，源于拉丁语"University"，意为团体，后来引申为"为学习和研究某种学问而自愿结合起来的师生共同体"。随着大学理念和职能的不断变化，高等学校内部的组织结构也发生了巨大改变，从早期的师徒传授制发展到讲座制以及与其相联系的教学实验室。大学教授以讲座制和教学实验室为基地，吸引学生接受科学训练，从事科研，形成了合作研究的群体。[②] 如今，科研创新团队成为一种普遍的形式存在于大学中。这一方面顺应了国家创新计划的提出，另一方面也是高校自身演变的结果。

[①] 李亚雄：《最新高校科研创新团队建设研究与科研质量评价标准实用手册》，高等教育出版社，2016 年版，第 251 页。

[②] 李亚雄：《最新高校科研创新团队建设研究与科研质量评价标准实用手册》，高等教育出版社，2016 年版，第 259～260 页。

三、新建本科院校科研创新团队的意义

新建本科院校作为刚刚晋升为本科层次的院校，无论是科研建设的基础、经验和实践，还是科研建设的综合实力，都无法同一般的本科院校相提并论，因此需要建设一批创新型的科研创新团队。新建本科院校科研创新团队构建的意义在于以下几个方面。

（一）有利于提高团队成员的学习能力和创新意识

建设一支科研创新团队，对其成员的选拔具有一定的要求，选拔过程就是创新知识普及和创新意识培养的过程；团队科研的过程，也是团队成员之间不断相互学习的过程。这两个过程有利于提高成员的科研能力和合作精神，促使其不断进行创新，推动新建本科院校各级各类科研团队的发展。

（二）有利于新建本科院校科研队伍的新建和完善①

新建本科院校大多由专科院校升级或成人高校转职而来，因此，大多数新建本科院校科研基础比较薄弱。从科研队伍建设情况来看，更加落后并存在不足，很多教师缺乏科研意识及科研能力，无法满足本科科研的基本要求。科研创新团队的建设有利于团队成员之间的沟通和科研水平的提高，从根本上促使科研创新团队的完善。

（三）有利于学校科研水平的提升

科研创新团队的建设，一方面能够集中学校有限的科研力量

---

① 李运庆：《新晋本科院校科研团队建设内涵及意义探析》，载《阜阳师范学院学报（社会科学版）》，2012 第 4 期，第 110~112 页。

和资源对相关课题和科研任务进行集中研究，从而有利于培养教师承担大型课题及科研任务的能力；另一方面，团队成员之间的相互交流、学习，以及在知识、学科专业、学历、年龄、实践经验等方面的优势互补，有利于取得科研创新成果。此外，团队成员之间的互相激励和帮助，能够激发团队成员的积极性、主动性和创造性，能够产出更多、更高质量的科研成果。[①]

（四）有利于学校学科专业的发展和教育教学水平的提高

科研创新团队的建设，不仅利于科研创新团队自身的建设和发展，还有利于学校学科专业的发展。新建本科院校由于刚刚升为本科，在学科建设方面只是对原来专科办学的学科进行简单的升级，还没有真正凸显学科特点。[②] 科研创新团队的建设，有利于为学科建设和发展培养人才，提供人力支持；同时可以将所学知识进行整合，为学科的建设和发展提供方向，推进学科的发展。科研创新团队的建设还能为新建本科院校的日常学科教学提供先进的理念和方法，推进学校教育教学水平的提升。

（五）有利于在全社会形成良好的科研环境和学术氛围

科研创新团队的建立有利于新理念和新成果的产生，在高校之间形成良好的竞争氛围。高校科研创新团队之间的切磋、交流，有利于拓宽视野，扩大学科发展的空间；同时在沟通和交流中，迸发出新的火花，在全社会形成良好的科研创新氛围。

综上所述，新建本科院校科研创新团队的建设无论对于高校

---

① 李运庆：《新晋本科院校科研团队建设内涵及意义探析》，载《阜阳师范学院学报（社会科学版）》，2012 第 4 期，第 110~112 页。

② 李运庆：《新晋本科院校科研团队建设内涵及意义探析》，载《阜阳师范学院学报（社会科学版）》，2012 第 4 期，第 110~112 页。

本身还是对社会都有着深远的影响。因此，新建本科院校建设科研创新团队刻不容缓。

四、新建本科院校科研创新团队的理念

新建本科院校科研创新团队的理念的内容是多方面的，有求真的理念、合作的理念、发展的理念等。

（一）求真的理念

追求真理的精神，是一种热爱科学、崇尚科学的精神，也是一种踏实苦干、自强不息、奋斗不止的精神。追求真理，要求科研创新团队的每一名成员都秉承学术至上、务实奉献的价值理念，相互激励，教学相长，形成一种充实而自由的学习、研讨和探索的学术氛围。这种氛围不断辐射，就会激发成员科研创新的灵感。高校科研创新团队的这种纯粹的、高尚的组织文化，是高校科研创新团队作为学术组织的根本特征，是区别于其他组织的最显著的要素之一。追求真理是科研创新团队的灵魂和立足之本，主要表现在弃荣誉、权力、金钱、地位等私心杂念，营造活泼轻松的研究气氛。它能使团队成员之间的相处更为融洽，有益于创新的火花碰撞和激荡，使创新研究的氛围更浓厚。做学问、搞研究的核心目标是发现，是发明，是创新。创造性的研究，本身就有着许多不确定性和不可预知性，优秀的创新团队营造的是学术包容、失败宽容的学术自由环境，只要是向真理的方向努力，即使失败，也要鼓励。[①]

---

① 池颖：《我国高校科研创新团队建设研究》，长春：吉林大学学位论文，2009年。

（二）合作的理念

高校科研创新团队具有合作的组织特性。所谓合作是指社会互动中人与人、群体与群体之间为达到共同目标而彼此相互配合的一种联合行动。科研创新团队要实现整体目标，需要全体成员的紧密协作。团结合作精神是创新团队成功的保证。只有合作，团队才能称之为团队。而创新团队的工作挑战性高，有较大的不确定性，团队成员的价值观、性格、经历、工作技能也存在较大差异，这都将影响创新团队的建设。所以，要培育这种精神，首先，团队领导者必须以身作则、平等待人、以诚待人，对团队各方面工作进行深入细致的调查研究，了解和掌握每一个团队成员的特别之处，关心爱护团队成员，做团队合作精神的榜样。其次，在团队培训中，加强团结合作精神的理念教育，并将这种理念落实到团队工作的实践中。合作精神是优秀团队的灵魂，是知识共享的前提，是知识转移的基础。[①]

（三）发展的理念

科研创新团队的建设应秉承发展的理念，培养具有创新思维和科研能力的人才。高校科研创新团队在组合或组建之初制定的规章制度、在团队合作过程中形成的人员关系形态，以及在研究过程中运用的研究思路和工作方法，如果是绩效水平比较高的，那么一定会促进高校科研创新团队高质量研究成果的产出。[②]

综上所述，新建本科院校科研创新团队的组织构建要秉承求真、合作、发展的理念。

---

① 池颖：《我国高校科研创新团队建设研究》，长春：吉林大学学位论文，2009年。

② 池颖：《我国高校科研创新团队建设研究》，长春：吉林大学学位论文，2009年。

第二节 组织构建原则

新建本科院校科研创新团队建设的首要任务是提高团队成员的创新意识、合作意识，加强院校科研创新团队的建设，产出更多的科研成果。同时，新建本科院校在组织构建科研创新团队时面临诸多问题和挑战。因此，科研创新团队组织构建应遵循以下原则。

一、学习性原则

学习性原则是指科研创新团队建设要承认团队成员是科研、学习的主体，注意调动他们的科研、学习主动性，引导他们终身学习，促进团队成员的相互学习，自觉地掌握科学研究的理念知识，提高他们发现问题、分析问题以及解决问题的能力。新建本科院校与其他本科院校相比，无论是科研水平还是其他方面，都有很大差距。新建本科院校科研基础比较薄弱，科研人员及团队成员的素质相对较低，因此需要成员不断学习，不断提高自身的素质。同时需要依托大的社会背景，在学习型社会中提高科研能力。随着信息技术的发展以及社会日新月异的变化，面对哲学社会科学的大前提，高校科研创新团队需要把握经济、社会、政治、法律等方面的发展和变化。因此，新建本科院校科研创新团队组织构建应遵循学习性原则。

二、创新性原则

创新性原则是指科研创新团队建设要从团队的实际情况、成员个别差异出发，有目的地获得高质量的科学研究成果并能应用到实际中。它是新建本科院校科研创新团队组织构建的另一重要原则。我们要构建的是一支创新型的科研团队，创新不仅是知识、科技发展的核心和关键，而且是科研活动的灵魂和根本之所在。① 新建本科院校自身实力不足，需要不断进行创新，才能切实提高自身的科研能力。

三、整体性原则

整体性原则是指科研创新团队建设要从大局考虑，按科研创新团队发展规律从事研究工作，做好顶层设计，注重团队的系统建设。团队建设不能为团队建设而建设，而应满足学校、社会政治经济发展的需要。高校科研创新团队具有系统性的特点，科研创新团队作为学校整体建设的重要组成部分，不仅要遵循科研建设的基本规律和要求，还要与学校的整体发展相契合。因此，新建本科院校在科研创新团队建设过程中，要根据学校的实际需要和具体情况进行相应的建设和完善，同时，要将科研创新团队的建设纳入学校发展的整体规划，以此促进科研创新团队建设与学校建设的和谐发展和进步。②

四、民主性原则

民主性原则是指科研创新团队建设中团队领导者面对成员要一视同仁，积极听取所有成员的合理建议和要求，促进每一个成员的发展。另外，科研创新团队对科研成员的选择应没有性别、民族等条件的约束和限制，科研成果在很大程度上取决于成员的

---

① 李运庆：《新晋本科院校科研团队建设内涵及意义探析》，载《阜阳师范学院学报（社会科学版）》，2012第4期，第110～112页。
② 李运庆：《新晋本科院校科研团队建设内涵及意义探析》，载《阜阳师范学院学报（社会科学版）》，2012第4期，第110～112页。

科研能力，因此，在组织构建科研创新团队时要遵循民主性原则，构建一个民主、宽松的科研环境和氛围，调动团队成员的积极性。

五、特色性原则

特色性原则是指科研创新团队建设应有自己的研究方向，有自己的特色。新建本科院校以师范类院校为主，组织构建科研创新团队时应发展自己的特色，因此，在进行科研时可以着重研究教育方向。同时，由于新建本科院校起步较晚，科研积淀较少，科研能力较弱，在建设科研创新团队时，要注重发展自己的特色，加强学科建设。

六、灵活性原则

灵活性原则是指科研创新团队建设应与时俱进，不断与社会政治经济发展相适应，保持自己团队研究的领先性。传统的高校内部组织机构往往具有庞大的规模、科层制的等级和臃肿的结构，且总是按部就班运行着。[1]　因此，新建本科院校在构建科研创新团队时要遵循灵活性的原则，灵活运用各种有效的资源，进行资源整合，推动科研成果的形成。

七、协作性原则

协作性原则是指科研创新团队建设过程中要保持与社会、其他科研创新团队的合作关系，成员间也应有合作精神。无论是普通的团队还是科研创新团队，都需要团队协作的精神。因此，组

---

[1]　王军：《学科交叉型高校科研创新团队建设与管理研究》，武汉：华中师范大学学位论文，2012 年。

织构建科研创新团队还应遵循协作性原则。每个人的思维方式是不同的，对每个问题的见解也不相同，科研创新团队应加强成员内部的分工与合作，保证科研创新团队的构建和有效运行。

总之，新建本科院校的科研创新团队建设是一种新的尝试和探索，组织构建科研创新团队时要充分把握新建本科院校的特点，了解成员的能力，运用不同的原则构建一支优秀的科研创新团队，促进学校科研水平的提升和学科的建设。

第三节　组织构建路径

新建本科院校科研创新团队组织构建注重培养人才、培养团队精神、树立创新意识、提高学校实力、奉献社会。因此，组织建构科研创新团队的路径也多种多样。

一、改变传统的教育观念，实施创新教育，提高学生的创新意识

组织构建科研创新团队，首先要改变传统的教育观念，对学生进行创新教育，提高学生的创新意识，重视学生创新能力的培养。基于新建本科院校的性质，学校自身科研能力较弱，创新意识的提高是重中之重。在组织构建科研创新团队时，更需要提高学生的创新意识，改变以往传统的教育观念，实施创新教育。

二、鼓励有能力的青年教师加入科研创新团队，提高团队的活力

新建本科院校刚刚升为本科，处于转型期，有些青年教师深度思考不够，探究意识不强，不利于科研创新团队的组建和科研

成果的形成。在组织构建科研创新团队时，要鼓励青年教师积极提升自我，为他们提供更多的平台。科研创新团队需要不断注入新鲜的血液，鼓励更多有思想、有能力的青年教师加入，才有利于创造出更多的科研成果，才能使团队的构建更加完善。

三、注重团队成员的团队精神培养，提高合作能力

科研创新团队是一个集体，成员有良好的团队精神和凝聚力才能保证科研成果的质量和数量。在构建科研创新团队时注重成员之间、团队之间、团队与成员之间的合作，培养团队成员的团队精神。每个成员都为团队做贡献，都围绕一个目标共同努力，积极地进行研究和创新，才能完成科研任务，有利于科研创新团队的成长和发展。

四、搭建科研创新团队科研工作的良好平台

组织构建科研创新团队时，要创立一个有利于科研工作的平台。新建本科院校，文化积淀较少，科研能力较弱，组织构建科研创新团队困难重重，因此在构建之初，要搭建起一个良好的平台，为将来的科研工作打下坚实的基础，从而促进成员对团队实力和学校实力的认同，增强成员的归属感，促进科研任务的完成。

五、组建多元化团队

团队中成员的素质各不相同，富有成效的团队一般由不同素质的成员构成。因此，在构建科研创新团队时注重成员具备的能力，有利于团队成员之间的相互配合。团队中要有启迪者、实干者、思想者、发起者、协助者。一般说来，启迪者是一个团队中的革新者，富有远见卓识和想象力，他们以目标为中心，不断提

出新的想法，激励他人去寻求挑战①，激发其他成员的斗志。实干者即行动者，他们讲求实际，乐于发现切合实际的解决方案，并利用经验检验所提出的方案②。思想者则善于分析形势，思维清晰，能够建立起事物之间的联系，具有较强的逻辑思维能力。发起者是一个团队中的激发者和维持者，富有方向感，推动团队向一个目标又一个目标前进。协助者是团队的组织者和协调者，把团队的各种资源进行整合并共享。这些不同素质的人在一个团队中相辅相成，起到相互补充的作用。

六、充分利用政府的政策支持

新建本科院校科研创新团队的构建离不开政府的政策支持。新建本科院校由于刚刚晋升为本科，在起步阶段会遇到各种困难，因此，它的发展离不开政府的支持。政府加强对科研创新团队的政策引导，在课题研究上，提供哲学社会科学的课题研究导向，建立专门的项目，为科研创新团队提供资助，提高科研成员的积极性。总体而言，政府的支持是高校科研创新团队进行科研工作最重要的前提保障。

七、依托学校的资源支持

新建本科院校科研创新团队的构建很大程度上依托学校的资源支持，需要学校为其提供良好的外部环境，包括软件和硬件的支撑。学校要充分发挥有效资源优势，为科研创新团队提供有力的支持，实现资源投入产出的最大化。同时，学校要拓展资金来

---

① 何彦：《构建高效团队的五大路径》，载《企业改革与管理》，2011年第12期。

② 何彦：《构建高效团队的五大路径》，载《企业改革与管理》，2011年第12期。

源渠道，保证科研活动的顺利开展。学校应创造一个良好的平台，支持科研创新团队及成员积极参加国内外的学术交流活动，使团队成员不断进行自我完善。

综上所述，新建本科院校科研创新团队的组织构建任重而道远，需要小到团队成员，大到学校、社会乃至国家的大力支持。

第三章 新建本科院校科研创新团队带头人与成员

第一节 新建本科院校科研创新团队的作用

科研创新团队的作用是多方面的，从对象来看，主要是对社会的作用、对新建本科院校的作用、对科研创新团队本身的作用，以及对团队成员个人的作用。

一、对社会的作用

在当今高速发展的社会中，科研创新团队始终扮演着重要的角色，对社会的经济发展产生了重要的影响。不断进步的科技带动了生产力的发展，随之而来的是可观的经济效益。伴随着科学技术发展，科学研究的集体性、开放性既给科研管理带来了挑战，也带来了无限生机，整个科研发展呈现出蓬勃向上的势头；同时，产生了高水平的创新思想和创新成果，培养出了符合社会需要的高层次创新人才，提升了学科水平，支撑着学科发展，从而推动了社会发展。

二、对新建本科院校的作用

（一）促进学风建设

学风建设是衡量一所新建本科院校办学思想、教育质量和管理水平的重要指标，是全面推进素质教育、为社会培养高素质人才的关键。科研创新团队影响着院校的学风建设。科研创新团队可以运用自身专业的优势，通过哲学性的思想引导，加强学生学习的积极性、自主性，提高学校管理团队的效率，促进高校学风建设。

（二）提升科研能力

新建本科院校科研创新团队建设也是优化整合人才与知识资源，促进高层次人才队伍建设的有效途径。科研创新团队能够提高新建本科院校科研成果的产出，从而提升新建本科院校科研能力。同时科研创新团队还能为其他科研团队做出有效示范，从而提升高校其他科研团队的创新能力。

三、对科研创新团队的作用

新建本科院校科研创新团队担负着提升学科水平的任务，这样的压力会促使整个团队素质能力的提升。这种同行合作能够增强研究结果的可靠性，对掌握学科前沿、探索某一领域的创新、营造学术氛围、培养和造就学科带头人与学术骨干具有积极意义。

四、对团队成员个人的作用

新建本科院校科研创新团队帮助成员牢固树立和坚定建设中

国特色社会主义、实现共产主义的共同理想信念，提升其文化素养，增加其文化认同感和民族自豪感。在科研创新团队中开展科研工作有利于提高成员的积极性和主动性，可以充分发挥成员的特长和创造性，增长成员的知识和见识，并不断成长、提升自我。

第二节　创新团队带头人的遴选

一、遴选的必要性和意义

高校要做好科研创新团队的建设工作，就要培养优秀的学科带头人，使科研创新团队具备良好的科研水平。学科带头人主动发挥先锋模范作用，带领着团队攻克一个又一个的难关。学科带头人发挥好引领作用，后续的团队才能可持续发展。一流的学科带头人应当定位为领袖型学者，承担起提出学科愿景、战略布局、资源整合、队伍建设等职责，具备学术研究、战略规划、内外部关系建立、组织管理和资源整合、团队建设和领导艺术、良好个人素养和声誉等六方面能力。一流的学科带头人不仅在专业领域有较强的影响力，具有较强的创新精神，乐于思考和解决前沿性问题，而且具有较强的沟通能力、协调能力和管理能力，并能够以构建强大的学术内聚力来吸引科研人员，引导科研创新团队的创新。这样的学科带头人不管是国内还是国外都是稀缺的。

（一）引领团队发展

从教育部到各省级相关部门、各高等学校，组建科研创新团队的主要目的就是支持一批有能力和潜力的优秀中青年专家紧跟科学技术的基础性和应用开发性的重要前沿问题及我国重大现实问题，进行深入的研究，获得有创新性的研究成果，使高等学校适应大科学时代对科研的要求，进一步发挥学校现有的创新平台的综合效应，凝聚和培养一批优秀的科研创新团队，提升自身的科研能力和水平，推动创新型人才培养，加快推进我国的高水平大学建设。同时，也为提升国家文化建设、综合国力和国际竞争力，解决我国经济社会发展中所面临的重大问题，建设创新型国家，做出积极贡献。[①]

（二）为团队获得资源

科研是一个高投入的事业，不仅需要购置较为昂贵的科学实验设备和相关实验材料，建立实验室，还要聘请国内外专家来作报告，或者派出本单位学者去国内外学习交流，这些花费都较大。科研关系到国家综合实力的提升和社会的进步等重大利益，当今世界各国政府和各种社会力量都以专门的财政预算与发布课题立项的形式来支持科学研究事业。创新团队带头人应当合理利用自己的学术名望，吸引一批可利用、可发展的学术资源，为团队发展提供支持。

（三）管理团队，协调团队合作

一般情况下，科研创新团队由 3～5 名研究骨干和 10 名左右的核心成员组成，加上其他成员，构成一个比较复杂的组织。因此，处理好组织内部成员的关系和利益对于消除矛盾冲突、增强组织凝聚力、发挥组织的最大效率是至关重要的。

在科研创新团队组织内部存在着一些容易引起矛盾冲突的利益问题，最主要的是研究成果发表时的排名问题以及由此引发的相关利益问题。团队的科研成果一般由多名学者合作研发完成，

---

① 《教育部关于大力提高高等学校哲学社会科学研究质量的意见》，教社科〔2006〕5 号文件。

在公开出版物上发表言论时名字越靠前的学者越易被学术界重视，排序的先后关系到对科研团队成员的贡献大小的认定。另一个容易引发矛盾的就是学术观点、研究思路不同。这是正常的现象，但究竟以谁的观点、思路为主展开研究，往往关系到将来成员优先权、贡献大小的认定，以及其他物质、荣誉的奖励给予问题。

综上，一个科研创新团队的带头人必须具有良好的组织协调能力，以及平衡各方利益的能力，引导团队成员通力合作，发挥最大的组织效能。

二、遴选的原则

对科研创新团队带头人遴选的要求是多方面的，既有能力的要求，也有职业道德方面的要求，还有年龄和学历、人格特质方面的要求。

（一）论实力，凭实绩

一个人的实力，只有通过实践，并且在实践中取得实绩才能充分显现出来。学科带头人高尚的品德、超群的才智，只有靠其卓著的科研成果来证明，才能服众，才有权威力量。因此，遴选标准必须以工作实绩为首要条件。

（二）年轻化、高学历

年富力强和高学历也是多出成果的前提，有能力的团队领导才可能在较长时间内通过磨合、锻造，将一批梯队成员带出更高水平，所以这也是遴选的一个主要原则。

（三）德才并重

科研创新团队带头人不仅要在学术研究上有出类拔萃的能

力，在道德修养上也应做好表率。

（四）公平竞争

高校中有许多德才兼备的年轻骨干，应实行公平竞争，择优录用：①机会均等；②标准统一；③程序严格；④过程公开。

（五）优胜劣汰制

科研创新团队带头人的遴选不能毕其功于一役，不能实行终身制，应在建立切合实际的考核制度的基础上引进优胜劣汰制。①

三、遴选的方法

科研创新团队带头人遴选的方法多种多样，主要包括如下几种。

（一）材料法

材料法，即通过一些材料信息来考察和选拔人才，如履历表、申请表、证明材料、推荐信、背景调查资料等。材料法主要了解人的基本信息，可以为其他测评方法提供参考。

（二）访谈法

访谈是遴选的最常用方法，其中主要的测评技术是面试、情景访谈和成就记录。

---

① 王霞玲：《高师院校跨世纪学科带头人的遴选原则及其培养方法》，载《中国高校师资研究》，1998年第2期，第10页。

1. 面试

面试是指在特定时间、地点所进行的，在主考官面前被测人用口述的方式回答问题，通过主考官与被测人双方面对面的观察、交谈等双向沟通形式，来了解被测人的素质特征、能力状况、求职动机等方面情况的一种人员甄选与测评技术。确定面试的测评要素，是在每一个测评维度上预先编制好面试题目，并制定出相应的评分标准。面试要遵循客观的评价程序等，它类似于一种标准化的测评。

2. 情景访谈

情景访谈是用特定情景下的关键事件考核遴选人选行为反应的一种方法。其基本做法：首先根据系统的职务分析获得与职务有关的行为取样，并据此设计情景问题；其次是根据职务分析对每个遴选人选提出问题；最后是对每个遴选人选的回答进行"客观"的打分和鉴别。对经验丰富的人来说，这种访谈方法是对职务取样的测验；而对没有经验的新手来说，假设的情景只是对那些工作所需的特殊反应能力的评价。

3. 成就记录

成就记录的结构在许多方面与情景访谈差不多。首先，它也要通过关键事件对职务进行分析；其次，确定工作绩效的维度。所不同的是，我们不再以提问的方式对维度进行评价，而是要求遴选人选谈一谈他自己在这些方面的主要成就。不同领域的专家依据具体的标准予以记录并打分。

（三）测验法

测验法是人才选拔中的重要工具，它的主要特点就是标准化程度高。测验法的种类很多，大致可分为纸笔考试、心理测验和工作取样测试。

1. 纸笔考试

自古代科举首创笔试，发展到今天，已逐步标准化、客观化，但考试偏重于知识和技能的考查，所以它在考查人的素质的全面性程度方面常常受到质疑。

2. 心理测验

心理测验是现代人员测评过程中一种非常重要的技术。心理测验可以反映遴选人选的能力特征，预测其发展潜能，也可以测定遴选人选的人格品质及职业兴趣等。心理测验是一种标准化、客观化程度较高的测验。

3. 工作取样测试

工作取样测试是一种情景模拟的测评形式，按照申请工作或岗位中的真实场景设置，观察被测评者的表现，以判断其是否能够胜任未来的工作岗位。在这种测评方法中，测评的对象因素是实际工作所要求的任职条件，测评的内容是未来实际工作任务的抽样，测评的环境是与未来实际工作相同的现场或模拟情景，测评的方法是先从与未来实际工作相同的工作现场中选取足够量的实际工作行为样本作为标本，然后根据被测评者反应行为与抽样行为的一致性程度给出相应的分数。工作取样测试的效度取决于职务分析的好坏。首先要进行职务分析，其次确定关键行为，最后设计打分系统。

（四）评价中心法

它是一种综合性的方法，使用不同的技术对许多心理维度进行评定。它是一种判断和预测那些与组织的工作绩效目标相关联的个体行为，以评价遴选人选操作能力及管理素质为中心，所进行的一种标准化活动程序，是一种比较全面的测评方法。它的最突出特点就是情景模拟性，所以其核心部分就是情景模拟测评。

上述测试方法都有其优势与不足，我们在选择时应该综合运用，不单单依据某一项测评结果。

第三节　创新团队成员结构原则及成员发展的重要影响因素

一、创新团队成员结构原则

创新团队成员结构是指团队成员的组成成分，是团队协调、协作、协同工作的基础。团队是由一群不同背景、不同技能及不同知识水平的人员所组成的，他们可能分别来自组织中的不同部门，组成团队后，他们共同为某一项特殊的任务而工作。团队成员结构原则，是根据团队成员结构规律而制定的指导团队成员构成的基本准则和要求。

（一）能力偏向互助原则

团队成员应扮演不同的角色，发挥他们的个性和特质。能力偏向互助原则是指每一个团队成员都有其团队中的角色，发挥其最大的潜力为团队服务。

1. 创新者——提出观点

没有创新者，团队成员的思维就有一定的局限性。创新是创新团队生产发展的源泉。科研创新团队不仅需要创新管理，还需要创新团队生产发展的源泉。

2. 实干者——运筹计划

实干者的计划性很强。"千里之行，始于足下"，有了好的创意还需要付诸实际行动。实干者在科研创新团队中应该占较大的比例，他们是科研创新团队发展的基石。没有执行力就没有竞争力，只有通过实干者的踏实努力的工作，美好的愿景才会变成现实，团队的目标才能实现。

3. 凝聚者——润滑调节各种关系

没有凝聚者的团队的人际关系可能会比较紧张，发生冲突的情形会更多一些，团队目标的完成可能受到很大冲击，甚至影响到团队的科研成果。

4. 信息者——提供支持的工具

信息是科研创新团队发展必备的重要资源。创新团队的成功更需要正确的、及时的信息。如果没有外界的信息交流，科研创新团队就成了一个封闭的小团体，不能够发挥科研创新能力。

5. 协调者——协调各方利益和关系

没有协调者的团队，领导力会削弱。协调者不仅要有权威性的领导力，还要具备一种个性的号召力。协调是管理的一项内容，各种背景的团队成员聚在一起，经常会出现各种分歧和争执，这就需要协调者来调节。

6. 推进者——促进决策的实施

没有推进者，效率就不高。推进者是创新团队进一步发展的"助推器"，在多个成员意见不一致时，推动者需按照预定计划，及时推进研究工作。

7. 监督者——监督决策实施的过程

科研创新团队中需要有成员做好团队的监督工作，在研究工作止步不前时，监督其他成员工作的落实情况；在合作时需作为观测者，帮助每个人协同工作，共同进步。监督者是创新团队健康成长的鞭策者。

8. 完美者——注重细节

完美者注重细节，强调高标准。在科研创新团队成长过程中，完美者能迅速地发挥作用，对科研创新团队中的缺陷加以改进和完善，为做大做强科研创新团队打下坚实的基础。

（二）成员年龄的层次性原则

成员年龄的层次性原则是指团队应有年龄阶梯结构，合理搭配，即一个团队中不同层次的成员的配比组合。合理的年龄结构，是关系到一个团队具有旺盛的创造力和生命力，发挥最佳群体效能的重要因素。处于不同年龄阶段的成员，既有不同的能力和精力，也有不同的职能特点。所以，一个理想的群体，应该由"深谋远虑"的老年、"中流砥柱"的中年、"奋发有为"的青年组成一个具有合理比例的综合体，并处于不断发展的动态平稳之中。只有这样，才能按照成员的心理特征和智力水平，发挥其最佳群体效能。

（三）气质结构互补的原则

气质结构互补的原则是指每一个成员在团队里发挥其优势，扬长避短。根据"气质互补"的原理，我们主张具备不同气质特征的成员取长补短，相得益彰。比如，在性格上既要有开朗、活泼、善于交际的人，也要有沉着、稳重的人；在志趣上，既需要广取博采的人，也需要专研深究的人；在脾气上，既需要热情豪放、情绪饱满的人，也需要稳健老练、善于自制的人；在风度上，既要有大胆泼辣、敏捷明快的人，也需要谨言慎行、柔中有刚的人。总之，"气质互补"应该是兼收并蓄，允许"个体气质"存在差异性。因此，在选取团队成员时我们应注意以上原则。

二、创新团队成员发展的重要影响因素

近年来，由于社会的进步、科技的快速发展以及全球化的竞争，科研创新团队越来越需要成员间有效的沟通、协调，以便迅速有效地适应当今社会的发展。科研创新团队的科研内容不但复杂，而且特殊，强调分工协调，若单靠个人的力量是无法独立完

成的，因此，需要通过团队集合每一个成员的能力和专长，利用团队的力量共同协力以完成任务。团队行为和谐一致，团队效能才会最优化。

（一）团队创新氛围

创新氛围是指成员对创新环境的共同认知和感受。创新氛围认知可以在团队成员之间共享，因此，团队成员往往会对本团队创新氛围产生一致性感受。高校科研创新团队的核心是创新，这也是高校充满蓬勃生机的关键所在。科研创新团队只有具备良好的创新氛围，才能拓展科研知识，提高现有的文化水平，促进每一位成员的创新潜力的开发。科研创新团队要积极推广创新意识，尊重成员的创新成果，拓宽创新思路，在创新型的团队中营造学习氛围，使科研创新团队成员不仅感受到创新氛围，还在创新氛围的影响下自主学习，以求形成创新—学习的双向促进循环。

（二）以人为本的理念

任何团队都是建立在人的基础之上的，科研创新团队只有爱惜人才、尊重人才，才能留住人才，使人才为团队所用。因此，科研创新团队不仅要尊重团队成员，尊重他们的主体地位，发挥每一个成员的主动性和创造性；还要依赖团队成员，给予每一个成员关怀和关爱，使他们获得最大的、更好的发展。

第四章　新建本科院校科研创新团队的支撑平台

第一节　制度支撑

一、国家政策支撑

我国对科研创新团队的政策支撑是多方面的，主要包括如下几个方面。

（一）完善知识产权保护政策

政府机构对知识产权的保护，在管理上比较缜密和严格。特别是对政府拨款产生的专利管理，宏观上有政策指导，在具体项目上也有专门机构操作和经营规定。1950 年政务院颁布了《保障发明权与专利权暂行条例》。1963 年颁布的《发明奖励条例》替代了暂行条例。1980 年 1 月，中国政府正式筹建专利制度，后成立了中国专利局。1984 年 3 月，全国人民代表大会常务委员会通过并颁布了《中华人民共和国专利法》；此后，又进行了多次修改，还颁布了配套法律和政策等。这些制度既推动了高校的科技成果转化，又使高校可以从知识产权的转移中获取研究经费，对科技发明的商品化起到极大的促进作用，为高校科研创新团队的创新成果提供了有力的知识产权保护，同时也有力地推动了产、学、研一体化合作创新。

(二) 制定财政税收优惠政策

《中华人民共和国企业所得税法》第四章第二十六条中指出：符合条件的非营利组织的收入为免税收入。高校和独立科研机构是非营利性组织，可以享受减免税待遇。《中华人民共和国公益事业捐款法》第一章第三条中指出：教育、科学、文化、卫生、体育事业属于公益事业。第四章第二十四条中指出："公司和其他企业依照本法的规定捐赠财产用于公益事业，依照法律、行政法规的规定享受企业所得税方面的优惠。"因此，任何企业或个人向高校或从事公益性活动的科研机构捐款，都可以获得减免税待遇。财政税收优惠政策既帮助高校赢得了科研资助和捐赠，也极大地促进了企业参与高校科研的积极性，为高校与企业开展团队合作研究奠定了基础。

(三) 调整科研经费资助政策

为落实《国家中长期科学和技术发展规划纲要》，中央财政在不断加大科技投入的同时，着力改进和加强财政科研经费管理，陆续出台了一系列科研经费管理办法。国家统计局发布的《2018 年国民经济和社会发展统计公报》显示，全年研究与试验发展（R & D）经费支出 19657 亿元，比上年增长 11.6%，与国内生产总值之比为 2.18%，其中基础研究经费 1118 亿元。为了使政府科研机构与高校之间的研究达到一定的平衡，国家调整了对高校科研的支撑政策，加强了对高校包括在直接费用和间接费用在内的所有费用的资助，教师能比较容易申请到课题，使高校科研团队有充足的经费支持。国家不仅直接资助高校科研，而且出台相关政策鼓励企业和社会资助高校科研。

（四）确定公共采购优先政策

国家的公共采购对科技创新活动起着非常重要的作用。政府采购不同于民间采购，政府采购不是采购人利益最大化的简单商品交易行为，它是以政府为主体，运用财政资金为满足社会公共需要而进行的采购活动。政府作为创新活动的推进者，通过实施公共采购优先政策，优先采购市场上的科技创新产品，增加科技创新产品的市场需求，降低科技创新产品的市场风险，调动企业生产积极性，促使科技成果产业化，从而对高校与科研机构的创新起到有力的支持作用。

（五）促进产、学、研一体化政策

除了企业、高校、科研机构合作，政府相关政策配合外，与产、学、研直接相关的法律和财政支持，是推动产、学、研一体化的关键。一是法律法规保障产、学、研一体化，推动高校科研创新团队创新。20世纪80年代我国开始推进的高科技创新活动，充分体现了产、学、研一体化的优势。而对这一活动起决定性影响作用的是80年代以来政府出台的一系列知识产权法案。二是财政支持保障产、学、研一体化，推动高校科研创新团队创新发展。20世纪70年代开始，在国家科学基金会等资金的支持下，高校陆续建立起一系列产、学、研合作中心，开展合作研究。同时，设立财政专项基金以补偿合作风险。

（六）创新基础设施建设政策

建设自主研究型大学，兴建国家实验室，信息共享等都是国家创新基础设施建设的主要措施。研究型大学在创新政策的支撑下，十分重视科研基础设施建设，建立了许多高质量的实验室、研究所，形成了很强的自主创新能力。我国不仅重视创新，而且重视信息共享，尤其是网络和计算机技术发展以后，信息技术对于国家科研环境的改善和科技水平的提高起到了非常重要的作用。创新基础设施建设政策为高校科研创新团队硬件设施和软件设施提供了保障，也为高校科研创新团队提供了良好的创新环境。

二、学校制度支撑

科研创新团队的建设除了国家层面的政策支持，还应有学校方面的支持。

（一）高校积极搭建跨学科合作平台

在科学技术迅速发展的今天，许多领域都需要多学科交叉共同研究才能更好的发展。目前高校在跨学科研究方面也扮演着极其重要的角色。许多高校正在通过搭建跨学科的课题组、实验室、研究中心等进行跨学科合作，建立跨学科研究平台来支撑高校科研创新团队的创新研究，这样既促进了学校的学科发展，又推动了跨学科创新人才的培养。大多数高校科研创新团队也正是依靠这些跨学科合作平台才得以成长的。目前国内许多研究单位设置了跨学科的实验室和研究中心，这些学科合作平台除设专职研究人员，还聘请相关院系教授，领导跨学科科研工作。以教授为中心的研究小组由于经常在跨学科合作平台从事基础和应用研究，也取得了丰硕的科研成果。

（二）高校努力搭建产、学、研合作桥梁

许多高校特别是一些重点高校和研究院（所）十分重视为科研创新团队搭建产、学、研合作桥梁，以推动科研成果产业化。高校非常注重与政府、产业界等进行交流和合作，倡导并保障研究人员在开展教育教学研究的同时，积极推动应用研究和开发研

究，紧密结合经济建设与社会发展的需要，努力产出适应市场和社会需求的高水平科研成果，使产、学、研有机地结合起来。为此，很多高校建立健全各项政策措施，包括科研成果的评估、使用、投资以及对成果主要研发人员的奖励办法，以推动创新成果产业化。此外，许多高校为建立起高校科研人员与产业界之间的桥梁，设置了专业的技术转化机构，从而不断推动高校科研创新团队的创新发展。

三、团队内部制度支撑

为有效地推进科研创新团队的合作，必须建立责、权、利明晰的团队管理机制，包括沟通机制、激励机制和利益分配机制。科研创新团队的发展离不开内部成员之间以及与外部团队之间的交流沟通，应将团队内部的交流通过学术例会、讨论会等形式规范化，同时建立外部交流沟通制度，积极开拓与外部的合作交流，通过学科交叉、知识碰撞开拓新的领域。

第二节　经济支撑

科研创新团队的经济支撑是指从经济方面给予科研创新团队支持和帮助，特别是从经费方面为科研创新团队的研究提供支持。经济方面对科研创新团队的支撑是多方面的，主要包括如下几个方面。

一、增加国家层次的科研经费投入

国家层次的科研创新团队是以国家级实验平台、研究中心、计划项目、科研课题为依托组成的团队，是我国高水平科研创新团队的代表，包括以国家自然科学基金（基金委）、国家社会科学基金、"973"计划等为依托组成的科研创新团队。中央政府要加大国家自然科学基金、国家社会科学基金等财政经费投入力度，以扩大国家层次的科研创新团队规模。除了竞争性科研投入，中央财政还应拨出一定科研专款作为高校教师均等化科研资金，以便高校老师组成科研创新团队。

2006年8月，国务院办公厅转发财政部、科技部《关于改进和加强中央财政科技经费管理若干意见的通知》，要求完善科技资源的统筹协调和决策机制；优化中央财政科技投入结构，主要用于支持市场机制不能有效配置资源的基础研究、前沿技术研究、社会公益研究、重大共性关键技术研究开发等公共科技活动；加大财政支持力度，改进国家科技计划（基金等）支持方式，加大对企业、高等院校、科研院所开展产、学、研合作的支持。2006年9月，财政部和科技部专门下发了《国家重点基础研究专项经费财务管理办法》，以规范和加强对国家重点基础研究发展计划专项经费的管理，提高资金使用效率。同时，财政部、科技部、总装备部关于印发《国家高技术研究发展计划（863计划）专项经费管理办法》的通知，对课题经费开支范围、预算的编制与审批、预算执行、监督检查等"863"计划专项经费管理做了进一步的规范。2012年11月，财政部和科技部出台了《科技惠民计划专项经费管理办法》，对于中央财政安排的引导支持基层开展社会发展领域先进技术成果转化应用、先进适用技术综合集成示范的专项经费，做出了具体的管理和使用规定。

二、增加地方层次的科研经费投入

地方层次的高校科研创新团队也是创新团队的重要组成部分。由于新建本科院校很难申报国家层次的科研创新团队，因此，中央政府应当鼓励地方政府加大高校科研经费投入力度，对地方政府的科研投入实行奖励或处罚配套政策，为建立高校科研创新团队生态系统奠定基础。地方政府应当主动出台政策，加大科研创新团队经费投入，扩大地方层次的科研创新团队规模，并拨出一定数量的专款组建一定数量的地方创新团队。同时，地方财政还应拨出一定科研专款作为高校教师均等化科研资金，以便高校教师组成科研创新团队。地方政府综合运用财政、税收、金融等多种经济手段，加大对高校特别是新建本科院校科研创新团队建设的扶持力度，促进新建本科院校的发展，为区域创新培养人才，为地方经济社会发展打下基础。

三、增加高校层次的科研经费投入

高校层次的科研创新团队是由高校投入自由资金组建的。中央政府和地方政府应当出台政策，鼓励高校特别是新建本科院校自筹资金组建校级科研创新团队。高校应当拨出专款，组建一定数量的校级科研创新团队，为申报省级和国家级科研创新团队打下基础。科研实力比较弱的新建本科院校，也应当积极筹备资金，组建一定数量的科研创新团队，以便对全校科研工作起到示范作用。各级各类高校要在科研均等化方面做出一定努力，增加一定数量的科研均等化经费，把科研竞争机制和科研均等化有机地结合起来，并形成制度，建立高校科研创新团队金字塔生态系统。

第三节　文化支撑

一、学校整体文化支撑下的文化建设内容

学校整体文化支撑下的文化建设是多方面的，主要有学者文

化建设和学科文化建设两方面。

（一）学者文化

学者的交往是一种知识性交往，能够促进经验技能的共享。大学学者之间的交往是以知识流通为基础的，是一种相对特殊的学术性交往。

学者的交往还是一种情感性交往，能够促进学者心灵层次的融通。交往是一种相互对话、相互沟通和相互理解的过程，交往主体由相互认识走向相互认可，进而达到相互理解和接纳。

学者的交往是一种学术发展性交往，能够促进学者在学术圈中获得认可。大学学者之间密切交往，是扩大其学术影响的重要手段。

学者的交往具有某种投资性质，能够促进学者社会资本的积累。

（二）学科文化

不同学科的知识在本质上的相通性是大学跨学科研究的前提和基础。在科学发展的历史长河中，知识由哲学分化成众多学科，科学随着知识的分化而不断发展。

解决社会综合性问题的迫切需要是大学跨学科研究的现实推动力。大学的跨学科研究是社会需要催生的结果，从 20 世纪 40 年代跨学科研究兴起之时，跨学科研究就成为解决社会政治、经济、军事等各方面问题的有效工具。

二、学校整体文化支撑的要求

学者乔恩·R. 卡曾巴赫（Jon R. Katzenbach）认为，团队是指一定的有互补技能，愿意为了共同目标而相互协作的由个体所组成的正式群体。这种界定突出了团队与群体的不同，即所有的团队都是群体，但只有正式群体才是团队。以人物为导向，拥有共同的行为目标和有效的交流合作，构成团队的本质特征。

"团队"管理理念在大学的引入和发展，是为了弥补大学传统组织结构僵化的不足。传统的组织形式就像金字塔，管理层次分明，自上而下统一指挥，强调专业化的分工，岗位职责十分清晰，绩效考核体系也比较完善，在稳定可预测的环境中能够平稳运行。但随着组织内外环境的变化，传统组织形式暴露出一些缺陷：专业化的分工把组织分成相互独立且相互冲突的区域；分工过细使一些额外的临时性工作没人做，绩效考评也仅限于是否完成"分内事"；多层结构导致管理机构臃肿，官僚主义倾向明显；表面上的"协作"压制了组织中各种观点和冲突，影响组织的创新精神和变革；信息沟通不畅，对出现的问题反应迟钝；组织严重缺乏活力，甚至影响到生存。[①] 与传统的组织形式相比，如果某种工作任务的完成需要多种技能、经验，那么由团队来做通常效果比个人好。团队能提高运行效率，更好地利用成员的才能。管理人员发现，在多变的环境中，团队比传统的部门结构或其他形式的稳定性群体更灵活，反应更迅速。因此，在大学建立一定数量的学术团队，对于发展大学学术是非常必要的。团队由不同学术背景的大学学者组成，具有明确的目标和较强的互补性，相互之间信任感较强，能发挥巨大的团队凝聚力，有效达成团队的学术发展目标。[②]

团队的高效运行离不开团队文化的支持，团队文化为团队的运行提供精神动力。在学术带头人的努力下，以共同愿景、明确的团队目标为出发点，树立共同的价值观念和良好的对外形象，

---

① 陈衡：《工作团队模式在系统管理中应用的思考》，载《武汉职业技术学院学报》，2003 年第 3 期，第 21 页。

② 徐青、张云、应飚：《试论研究型大学创新性科研团队的建设》，载《中国高教研究》，2009 年第 3 期，第 49 页。

营造生动、活泼、民主、团结的学术氛围，倡导尊重知识、鼓励创新、善于协作、甘于奉献的团结精神，以有效提升团队凝聚力和创新能力。

第五章　新建本科院校科研创新团队的管理

第一节　新建本科院校创新团队管理的基本要素①

新建本科院校创新团队成立后，如何对其管理尤为关键。从系统论观点来讲，可将管理的基本要素分为精神层面的目标、愿景、组织结构、制度、文化等。此外，也包括科研经费、仪器设备及其他平台等实质性构成要素。在这样一个由精神和实质性要件构成的有机系统中，相互信任是增强团队凝聚力、促进团队良性运行的基础。作为一个开放的系统，高校创新团队具有其生命周期——可持续发展的轨迹。下面对创新团队管理体系略作分析。

一、新建本科院校创新团队管理的精神要素

（一）共同愿景与目标

共同愿景是团队成员对所在团队长远发展的愿望及对未来的

① 李保国：《高校创新团队要件互动机制与发展过程分析》，载《集美大学学报（教育科学版）》，2016 年第 6 期。

憧憬，是团队发展方向及战略定位的具体体现。共同愿景渗透于团队的各个层面，从而创造出协调一致、共同进步的景象。因此，共同愿景可以为团队的发展提供强大而持续的动力。团队目标是共同愿景现实性、近期性的体现，有助于团队信任关系的构建和凝聚力的提升。因此，团队应确立明确而清晰的组织目标，使目标能够逐步实现。这样，一方面可以使团队的计划更具体，便于落实；另一方面，随着每一阶段目标的实现，团队成员也逐渐增强对本团队的信心和认同。[①]

（二）组织结构与制度

组织结构是团队中任务分配、资源配置、成员互动等最基本的、稳定的网络结构。创新团队中的任务、资源、利益和责任等配置，均要通过组织结构来实现。因此，组织结构对科研团队创新具有重要的规范、约束和促进作用。另外，创新团队还要制定相应的管理措施，以此指导和约束成员行为，使得每个成员的行为符合团队的总体要求。

（三）团队文化

一般说来，团队文化主要指团队成员为了完成共同目标而相互合作、相互影响形成的一种文化。团队文化是潜在的，是社会文化与团队实践相融合的产物，是在团队负责人的倡导下，由团队的制度规范，以及成员对本团队基本的、有意义的价值和行为符号的理解共同构成。团队文化贯穿于团队活动的诸多方面和整个过程，对团队所有成员的观念与行为都具有强烈的约束与激励作用。因此，构建有效的团队文化，是吸引人才、凝聚合力、增

---

① 李保国：《高校创新团队要件互动机制与发展过程分析》，载《集美大学学报（教育科学版）》，2016 年第 6 期，第 61 页。

强创新能力的关键。

二、新建本科院校创新团队的实质性要素

（一）团队人员

创新团队人员是价值观念、心智模式和知识技能的承载者，是创新团队的根基，也是科研活动的主体。从一定意义上讲，创新团队要构建合作文化、提升科研能力，关键是拥有一批心胸开阔、能力超群、视野开阔的研究人员。

（二）科研经费

科研经费是开展创新活动的支持性条件。研究活动能够顺利进行，成员参加各种学习交流活动，购置各种设备，购买各种资料等，都需要充裕的经费支撑。

（三）平台条件

平台条件是科研创新的物质保障，创新团队需要各种科研仪器、设备设施，以及各种科学数据、文献资料、科技资源等，这些是科学研究的基础。因此，建设创新团队时，应该侧重这方面的建设。[1]

---

[1] 李保国：《高校创新团队要件互动机制与发展过程分析》，载《集美大学学报（教育科学版）》，2016 年第 6 期，第 62 页。

第二节　新建本科院校创新团队管理的主要路径

一、目标管理

目标管理是根据所设置的目标进行的管理。目标管理是由总体目标引导各个成员确定各自的分目标和个体目标，并据此制定行动方案，组织实施，定期进行考核管理。新建本科院校对创新团队实行目标管理，首先要确定学校总的科研目标，然后转化为创新团队的具体目标，主要包括团队的总目标、项目目标、科研人员个人目标等，并将科研绩效作为考核科研人员的目标达成度的具体标准。新建本科院校的科研目标、团队的科研目标对创新团队科研工作具有指导和推动作用。它不仅是科研创新团队工作的基本指向，也是提高团队凝聚力的催化剂，能激发科研人员的积极性和创造力。[①] 新建本科院校创新团队实行目标管理，其科研工作能沿着正确的轨道顺利前进。实行目标绩效管理，一要明确目标，二要统一目标，三要管理目标。

（一）明确目标

新建本科院校有必要根据国家经济社会发展的基本情况、科研方针与政策，以及自身的科研状况，准确定位学校的科研工作，由此确定本校的科研目标，包括对创新团队的管理与建设。各创新团队应当根据学校的总体科研目标以及团队的研究基础与优势，确定本团队的科研目标。这样的团队目标比较符合时代需要和校情，对团队科研工作具有较好的引导、推动作用。因此，

---

① 苏娜：《高校科研团队的构建与管理》，天津：天津大学学位论文，2005 年。

确定符合国情、校情、队情的科研目标，便成为新建本科院校创新团队建设的关键。[①]

（二）统一目标

新建本科院校创新团队的科研目标确定好后，应根据团队的总目标层层分解，可分解为阶段性目标、各课题组目标、研究人员个人目标等。这样才能使团队全体人员齐心协力，自觉地朝着共同的目标前进，并为实现阶段性目标以及本课题组目标而努力工作，充分发挥自身能力，圆满地完成团队的科研任务。

（三）管理目标

在实现科研目标的过程中，团队应采用科学的管理方法和措施。对科研目标的管理，一要定期。定期检查各团队、各课题及个人目标的执行情况。二要严格。要及时纠正偏离目标的行为，对不执行目标者，尤其是违反国家科技方针政策者，要给予严肃处理。这样才能保证科研工作始终朝着既定的目标迈进。

二、信息沟通

信息沟通是为了使创新团队各子系统和所有要素能更好地协同运行，最大限度地发挥整体功能所采取的一切交流及沟通方式。有效的信息沟通是创新团队成功实现目标的基础。它渗透到科研活动的整个过程，把团队成员密切地联系在一起。要真正实现目标管理，只有在团队内外进行充分、深入、有效的相互沟通和交流的基础上，使团队成员或管理者清晰地理解、认同和接受信息，并且转化为团队成员的自觉行为时，才能彰显其意义。实

---

① 陆萍、曾卫明：《高校创新团队管理的协同机制研究》，载《黑龙江教育学院学报》，2010 年第 8 期，第 47 页。

现有效的信息沟通，需做好以下几项工作。

（一）明确团队沟通原则

首先，团队管理者需要充分认识沟通的重要性，认识到与团队成员进行沟通，是实现团队目标的前提。其次，管理者要明白沟通是一种开放式的沟通，是在各主体平等基础上的双向沟通。实践表明，单一的自上而下的沟通效果不好，只有采取自上而下与自下而上结合的沟通方式，才能获得最佳效果。最后，一定要重视面对面的沟通。实践表明，互联网能够节省人们日常信息交流时间，却不适于个人化信息的交流，因为面对面交流具有丰富、感性、生动的特点，而这些正是作为一个卓有成效的管理者所必需的。

（二）制订沟通计划

在创新团队中，有效的沟通可以提高成员对团队的责任心，增强他们的归属感。在市场竞争压力下，管理者与成员、成员与成员之间的及时沟通和交流常常被忽视。一般情况下，如果不创设沟通情景，人们就不可能主动进行交流，本该用来沟通的时间往往会被其他事情占据。因此，能否制订出完善可行的沟通计划事关团队目标的达成。沟通计划一般应包括如下元素：内容、对象、方式、时间、渠道、目标。沟通计划的制订责任主要由团队的组织者或小组领导人来承担，团队成员相应配合和执行。需要注意的是，沟通要因地制宜、因人而异。另外，对于团队沟通，管理者要因人、因时、因需安排，做到长、短期规划相结合。[①]

---

① 陆萍、曾卫明：《高校创新团队管理的协同机制研究》，载《黑龙江教育学院学报》，2010年第8期，第49页。

（三）恰当安排沟通各环节

首先，要让团队成员明晰团队的含义和团队的基本要求，信息互通。其次，组织团队成员参加一些集体活动，传授沟通技巧，提高成员的人际沟通能力，减少人际冲突。最后，当沟通出现问题时，要分析其产生的根源，探讨解决办法。切忌用物质或其他简单的奖惩措施对待成员，应把团队的使命和目标内化为成员的使命和责任。因为经济报酬和奖金虽然重要，但不是万能的，使用不当会起反作用。

三、资源管理

资源管理是从整体上把握创新团队运行状况。创新团队若要有效运行就需要具备两种资源：人力和物力。其中人力资源管理包括四个方面：活力、控制、影响力、专业知识。物力包括设备和资金。创新团队的管理人员必须熟悉自身资源，既要了解自己有什么资源，还要了解有多少是可用资源。

（一）人力资源

现代社会中的人力资源越来越引起人们的关注，对创新团队的影响非常大。考察创新团队的资源，最重要的是看其活力如何。因此，要了解一个创新团队有什么活力、能够支配多少活力、活力的来源、可能受到什么阻碍、应该怎样才能更有效地发挥活力等。活力是一个创新团队宝贵的资源，有活力方有动力，才能出成果。活力的形式多种多样，有的很容易观察到，有的则深藏不露。通常情况下可以从热情、主动精神、人际关系等几个方面判断团队的活力程度。[①] 如创新团队成员之间是否积极思考，是否有想法，是否有创造性的想法，成员是否融洽相处、能否相互鼓励等。

团队如何发挥自己所能支配的活力的能力，是评价创新团队的主要资源。而活力需要控制和管理。控制包括自我控制以及对运行方法的控制，所谓自我控制是指为了团队和其他成员的需要，能够控制自身活力和情绪的程度；对运行方法的控制是指创新团队为了有效达成目标而管理其运作方法的能力水平。活力和控制是相辅相成的，两者达到适当平衡时团队才能很好地运作，团队的活力越强，就越有控制的必要。

专业知识。一般来说，创新团队的专业知识没有多大问题，所缺的是管理运作方法的知识，这在一定程度上会弱化对活力的控制能力。

影响力。在创新团队决策和贯彻执行这些决策的时候，影响力是创新团队发挥能力的一个关键因素。就内部而言，指那些有影响力的人，他们的专业知识与影响力是否相称等；就外部而言，指他们在创新团队外部具有怎样的影响力，以及这些影响力是如何影响内部成员的。[②]

（二）物力资源

物力资源主要包括科研经费和仪器设备。就科研经费而言，目前在科研经费使用方面主要存在的问题是科研人员获得课题资助之后，直接用于科研的经费相对不足。一方面是由于课题经费本来有限；另一方面则是因为一些单位财务管理不严，一个项目

---

① 苏娜：《高校科研团队的构建与管理》，天津：天津大学学位论文，2005 年。
② 陆萍、曾卫明：《高校创新团队管理的协同机制研究》，载《黑龙江教育学院学报》，2010 年第 8 期，第 49 页。

多头申报，研究内容相似，用多个项目的经费来完成同一课题。此外，研究缺乏创新，重复研究多，耗费了大量资源；科研与科技开发混在一起，以科技开发的名义变相转移科研经费，为小集团和个人谋利益。

仪器设备方面存在的主要问题是仪器设备分散采购、重复购置。有些单位往往从自身利益考虑，不经上级主管部门同意就自己花钱采购仪器设备。具体来说，一是把握不准价格，花费过多的钱购买了性能一般的设备；二是主管部门不能随时掌握各单位仪器设备的建设情况，往往同型号的仪器重复采购，形成过剩情况；三是开放程度不够，单位之间沟通不畅，一些仪器设备虽然在本单位或本课题组是开放的，但是单位之间由于种种原因，不能相互利用；四是仪器设备陈旧，专业维护人员少，无法满足正常科研工作的需要，影响了科研进度。因此，搭建科研平台显得尤其重要。依靠现有优势学科，打破行政单位的界限，以重点实验室为支撑，以学科为纽带，以人才为基础，以取得科研成果为目标，整合现有人员、技术、仪器设备等资源，形成研究方向明确、人员梯队合理、仪器设备配套、特色明显的科研平台。以科研平台确定研究方向，以科研平台打造科研人才，以科研平台合理规划，相对集中仪器设备、科研资料，最大限度地发挥使用效率。

（三）绩效管理

绩效管理体系的设计应该是双向沟通的。评估主体与客体必须就评价结果进行积极的沟通，并将沟通作为持续改进循环体系中的一个环节，反馈的意义在于引导创新团队成员明白努力的方向、明确绩效不理想的原因。对于一个良好的绩效评价体系来说，需要得到团队成员的理解和配合，才有助于该评价体系的实施，团队成员才能感受到绩效评价体系的公平、公正。因此，要让团队成员清楚该评价体系是如何运作的、对自己和他人的意义何在、自己和他人在团队中的工作效能怎么样等。

反馈绩效结果通常有两种形式，即文件沟通和面谈。文件沟通又可分为公示和通知团队成员个人两种做法。对于公示，需慎重使用，并要充分考虑其中的法律因素。工作绩效被评为优秀的团队集体或个人，无论是对团队还是对个体，都是一个积极信号，不仅当事人本身得到鼓励，而且团队其他成员也会把其作为自己奋斗的目标。但是，公示绩效不佳的团队成员名单，对团队成员个人可能就是一种打击，意志薄弱者也许会一蹶不振；同时对团队其他成员也会造成一种紧张和不安情绪，影响其工作心态，甚至可能引发团队成员对绩效评价体系的反感，从而产生负面效果。因此，最好不采用公示绩效评价结果不佳的团队成员名单的方式，而应私下里告知其结果，督促其改进。

面谈是效果较好的反馈方式，是真正的双向沟通，体现了发展性评价模式的优点，能引导团队成员关注未来绩效的改善，而不只是注意先前绩效的评价结果对自身利益的影响。为了提升团队成员对绩效的满意度，更好地实现成员个体发展，面谈时要引导团队成员设定恰当的个人目标，进行充分讨论，并商讨下一步的努力方向。在反馈面谈中，上级和团队成员要以事实为依据，以理服人，而不能主观臆断，尽量做到正面评价。在面谈中，评价主体可以拉近上下级之间的工作关系，被评价者不但可以更客观地从上级主体那里了解到自己工作的情况，而且还可以争取更多的资源发展自己，争取在下次绩效评估中取得好成绩。①

---

①　陆萍、曾卫明：《高校创新团队管理的协同机制研究》，载《黑龙江教育学院学报》，2010年第8期，第50页。

第三节　新建本科院校创新团队管理存在的问题

一、管理目标存在误区

教育部《"长江学者和创新团队发展计划"创新团队支持办法》提出："为进一步发挥高等学校创新平台的投资效益，凝聚并稳定支持一批优秀的创新群体，形成优秀人才的团队效应和当量效应，提升高等学校科技队伍的创新能力和竞争实力，推动高水平大学和重点学科建设，特制定本办法，有计划地在高等学校支持一批优秀创新团队。"可见，教育部关于创新团队支持办法的政策包含了高等教育、高等学校、优秀人才等几个层面的多重目标，统筹兼顾高等教育发展的内在规律及我国提高高等教育质量的客观要求。省级教育行政主管部门相应制定的政策也是贯彻教育部的目标，并在具体的目标设置上立足于地域范围。所以，教育部与各省级教育行政主管部门所制定的支持高校科研创新团队政策目标，其出发点是合理的，新建本科院校建设科研创新团队的目标定位也是明确的。纵观现有支持创新团队的具体措施，主要资助形式有两个方面：一是划拨必要的科研经费，二是优先推荐申报国家自然科学基金委员会所资助的创新研究团队或教育部创新团队资助计划。应该说，这两点都是必要的，对培育和提升创新团队的水平是必不可少的。但部分新建本科院校在具体建设过程中过于急功近利，或把心思放在获取经济效益上，或为了赢得各种社会名利，把创新团队当作"撑门面"、谋利益的工具。

二、管理缺乏个体关照

从学理上讲，团队与个体是辩证统一的。一方面，个体是团队的"细胞"，团队是个体的"母体"，团队的发展需要每一个个体的努力；另一方面，团队是个体生存的基础。团队可以解决很多个体无法完成的任务，从而提升个体的工作效率。[①]

近年来，随着我国经济社会发展的转型升级，要素与投资都很难再撬动经济的发展，经济发展面临不小的困难。创新已经成为国家战略，成为推动经济持续发展、调整经济结构、避免落入中等收入陷阱的重要手段。为此国家出台了一系列政策鼓励创新，教育部也于 2012 年启动"高等学校创新能力提升计划"，主要参与者包括高校教师、行业专家、专业科研人员和行政人员。高校协同创新团队成员虽是各行各业的普通社会人，但有别于一般人。这种区别主要在于创新团队成员都是"文化人"，他们受教育程度普遍较高，具有专业知识的优势。相较于社会普通人，"文化人"拥有更高的思想境界和精神追求。[②]换言之，这些"文化人"更关注自己情感、态度、价值观的满足，是成就需要动机较高的人。因此，在新建本科院校协同创新团队建设中，要善于利用马斯洛的"需要层次理论"，特别关注团队成员个人发展的各种社会需要。然而，从此维度观察高校协同创新团队的建设状况，却存在较明显的忽略科研人员个体目标、个体精神需要等现象。具体表现如下。

（一）创新团队建设忽略了个体目标

新建本科院校为了尽快提高学校科研水平，提升学校办学水平，一般都会确定相应的科研目标，而这些目标又会分解到各个层面，其中创新团队会承担较多任务。创新团队管理者往往从自

[①]　曹如军：《成就需要理论视角下高校协同创新团队建设》，载《煤炭高等教育》，2017 年第 3 期，第 11 页。

[②]　曹如军：《成就需要理论视角下高校协同创新团队建设》，载《煤炭高等教育》，2017 年第 3 期，第 12 页。

身认识和立场出发，或基于高校发展定位以及从高校、社会与政府的关系出发，由团队管理者建构高校协同创新团队的发展目标，再将目标转化为各创新团队的具体任务，层层分解，把团队目标分解为个体目标。这种目标分解方式，是一种自上而下的分解方式，有利于团队目标的整体性实现，但忽略了每一个个体的实际情况，没有将个体的需要反映在目标中，创新团队最终目标的实现与成员个体没有多大关联，他们的利益和需要被搁置起来。

（二）创新团队建设忽略了个体的存在

抽象个人，一般是指运用理性思维对人的本质属性进行概括，把人的存在作为"类"而存在，将实实在在的生活中的人高度抽象化。[1]而所谓具体个人，则强调人的特殊性。人是处于具体环境中的人，有着不同个性，承担着各种责任。在新建本科院校协同创新团队建设中，团队管理者往往注重抽象个人而忽略具体个人，主要表现在：团队管理者基于管理的一般理论和对团体的一般认识，或者站在自己的立场"投射"他人的立场，做简单化的管理，缺乏同理心。事实表明，新建本科院校协同创新团队中存在不同类型的个体，如保守型、开拓型、动力型等，各自有其个性特征，有他人无法代替的优势和长处，也有各自的弱点和不足。从实践层面看，这种只有抽象个人的管理方式会形成定式，长此以往，就会压制个人创新思维和创新精神产生。[2]

---

[1] 龚孝华：《从"抽象的人"到"具体个人"：学校教育评价改革的基础》，载《教育发展研究》，2009年第Z1期。

[2] 曹如军：《成就需要理论视角下高校协同创新团队建设》，载《煤炭高等教育》，2017年第3期，第11页。

（三）创新团队建设忽略了个体的精神需要

根据需要理论，人的物质性需要属于低层次需要，精神层面的需要则是更高层次的需要。当物质性需要得到满足以后，人便会追求高层次的精神需要。创新团队中的个体都是高层次的知识分子，对于物质性需要并不是十分强烈，更渴望自身价值得到体现，个人理想抱负得以实现。但是，大多数新建本科院校创新团队在建设过程中，各种考核都是基于经济性的，无论是年度考核还是聘期考核，对于完成任务的，给予一定的绩效奖励；没有完成任务的，扣发一定的绩效奖励。其结果是团队成员中完成任务较好的，获得了较为丰厚的经济奖励，物质性需要得到了满足。然而，精神激励措施的缺乏，团队成员很难有归属感和认同感，也很难在创新推团队中感受到愉悦和幸福。

三、管理体制机制不健全

（一）科研管理机制不利于团队创新

首先，当前的科研组织管理机制不利于创新团队的发展。从大环境来看，我国科技与教育的分家往往导致教育部门、科技部门各自为政，新建本科院校与研究机构在一定程度上存在资源竞争。从新建本科院校自身来看，其内部的科研管理部门与教学管理部门之间几乎不存在业务联系，在资源配置上也互不相干。新建本科院校内部的院系建制及长期存在的学科壁垒，客观上也增加了不同学科之间整合的难度，阻碍了跨学科团队的建设。[①] 另外，长期形成的习惯和思想意识壁垒的影响，许多科研平台都依

---

① 宫丽华：《新建本科院校科研创新团队建设的制约因素分析》，载《东岳论丛》，2010 年第 7 期，第 65 页。

赖单一部门和学科建立，由于没有规范性保障，设施的共享性较差，利用率较低，没有发挥设备和资源的平台作用。

其次，团队管理制度不健全。新建本科院校对创新团队建设所做的工作大多限于对创新团队进行认定，然后提供资助。由于缺乏科学的团队管理制度，一些新建本科院校对创新团队的管理存在明显的行政化倾向，形成了行政权力泛化、学术权力弱化的现象，导致团队管理不规范，影响科研工作的顺利开展。目前高校的科研管理制度，如考核、评奖、职称评定等，制定的标准都是针对研究人员个人科研成果，忽视了个体在创新团队中的作用和贡献，使得团队内部出现个人主义倾向。

（二）缺乏有效的经费投入保障机制

相较于研究型大学而言，新建本科院校的科研投入很少。投入不足已成为制约新建本科院校科研创新团队发展的最大瓶颈。具体表现在：一是经费来源渠道单一，新建本科院校经费主要靠政府和教育主管部门拨款，企业和其他社会主体投入的积极性不高，投入力度小，持续性差。二是新建本科院校图书资源、仪器设备等科研基础条件较差。新建本科院校很少有国家级的科研平台，如教育部的人文社科研究基地在新建本科院校中不到 10%，且经费投入很少，大部分要靠所属省市和高校自行解决。三是在无形资源和软件条件下，新建本科院校缺少在国际上有重要影响力的领军人物，高层次人才培育机制落后于学校的发展需求，而且合作意识不强，缺乏深入、持续研究的能力，原创性成果不多。这些都严重影响了新建本科院校创新团队的组建和发展。

四、缺乏团队发展的文化氛围

从研究的大环境看，在市场经济发展过程中，学术界出现了功利主义倾向，不少学者难以静下心来投入研究。加之新建本科院校长期以来形成的一些弊端，建设良好的文化环境困难重重。首先，缺乏合作文化。新建本科院校多以教学为主，教师在教学中习惯单打独斗，而这种习惯容易带到科研中，造成团队成员之间各种信息、技术、价值观念等差异较大。成员对团队工作的发展状况以及自己在团队中的定位认识不清，彼此缺乏价值交流，成员个体无法与团队价值协调一致，造成合作程度较低。其次，学习创新环境较差。由于成员个体目标与团队目标存在矛盾，成员在研究中投入的精力和干劲会相应减弱，从而导致团队成员创新的动力不足。最后，新建本科院校还没有形成较好的成果共享机制。一些创新团队负责人往往是学校行政人员，他们本身忙于行政事务，没有更多时间用于研究，成果主要来自团队其他成员，有些创新团队的成果的归属甚至被行政人员占为己有，这将严重影响团队成员工作的积极性，很难形成成果的共享。

第四节 新建本科院校创新团队管理的策略

一、加强团队队伍建设的意义

（一）培养优秀的学术带头人

新建本科院校创新团队的带头人一般由高校自身培养，也可引进。团队带头人的作用很大，按照蜂群理论，蜂群的兴旺与否，和蜂王的关系很大，一个科研创新团队就如一个蜂群，团队带头人犹如蜂王。教育部《高等学校"高层次创造性人才计划"实施方案》中关于学科带头人的定义："能带领本学科跟踪国际科学前沿并赶超国际先进水平"，"开展原创性、重大理论与实践问题研究和关键领域攻关，力争取得重大标志性成果。"新建本科院校的学科带头人可能达不到如此要求，但也要重视其在团队中的作用，因为学科带头人的言行对团队的影响很大。创新是每一个科研创新团队的最根本任务，这取决于团队的学术水平和科研方向，归根结底和学术带头人有关。学术带头人作为创新团队中的领军人，首先，应该是优秀的学者，在本领域有较高的学术造诣，成果丰硕，学术思想活跃，科研能力强，影响力大，能主导关键性攻关课题，并能提供专业指导。其次，他还必须具有强大的凝聚力和组织协调能力。团队带头人应当具有优秀学者的气魄、独特的人格魅力和广泛的社会影响力等优良素质，才能将团队成员的智慧聚集起来，进而形成独特的团队文化和团队精神。团队带头人以强大的人格感召力，使团队成员凝聚在以自己为中心的周围，浸润在和谐向上进取的团队氛围中，上下团结一心、协同攻关，为团队的发展创造良好的环境。这种领军人才的带动作用可以造就成功的团队，也使得不同层面的创新人才在团队文化氛围中能够不断学习和进步，在科研实践中得到锻炼和提高，快速成长。

在实践中，新建本科院校要以高度的热情、极大的努力、非凡的举措抓好高层次人才的建设。具体机制有以下四种。

1. 培养机制

新建本科院校要立足校内，创新高层次人才培养机制。高校既有的科研人员是维持学校科研工作正常运转的主要力量，对这部分人要加强培养，使其中一部分人成长为学术带头人，这是较为务实的一种做法。该机制要求新建本科院校改进和完善培养方式，丰富和深化培养内涵，通过创新培养机制，在学校内部形成适宜学术人才成长的环境，既要"栽培新苗成大树"，又要"浇灌老树发新枝"，不断推动现有高层次人才自我超越。

2. 引进机制

新建本科院校高端人才紧缺，但高端人才培养本身有较长的周期，建立合理的人才引进机制，不失为新建本科院校的有益做法。但从现实来看，高端人才引进存在"赢者通吃"的现象，重点高校凭借优越的研究条件和平台，吸引了大量高水平人才，而新建本科院校却举步维艰。新建本科院校在引进人才方面，第一，要根据学校发展目标和现有基础，进行准确定位，明确需要引进什么人才。第二，把好人才质量关，新建本科院校创新团队高端人才缺乏，有时"饥不择食"，随意引入一批人才，一方面造成有限经费的浪费，另一方面引进的人才又发挥不了多大作用。因此，新建本科院校应当把有限的资源用在关键之处。第三，新建本科院校应"有所为、有所不为"，针对学校的优势学科锦上添花，引进本校急需的高层次人才，打造学校的优势品牌。第四，以道德品行、学术水平、发展潜力和对科研创新团队的贡献为重点，不拘一格选拔人才。第五，编制引进人才计划时，合理处理引进与培养的关系，坚持外来人才和本校人才都能发挥自身的优势原则，最大限度地在科研创新团队内部保持平衡，适当引进、按需引进。

3. 使用机制

新建本科院校要努力做到人尽其才，不断完善人才使用机制。人才培养和引进只是为科研创新团队的建设创造条件，而要发挥人才的作用，有效提高团队竞争力，关键在于建立人尽其才、才尽其用的人才使用机制。高校要从"硬件"着手，有效整合学校的各种资源，为高层次人才开展工作提供物质保障；同时以"软件"建设为重点，坚持以人为本，创新管理体制，强化服务意识，创造适合高层次人才发展的制度环境。[①]

4. 建立自由有序的人才流动机制

人才是流动的，人才没有流动就如同一潭死水，缺乏生机和

---

① 宫丽华、刘慧婷：《新建本科院校科研创新团队建设的问题与对策》，载《科技与管理》，2011 年第 4 期，第 117 页。

活力。但是，在任何组织中，流动率过高会影响整个组织的正常运行，降低组织工作绩效，因此需要建立合理、有序的流动机制。创新团队要注意处理好人员流动的问题，既要想方设法留住优秀人才，避免优秀人才大量流失，又要建立能上能下的机制，让所有成员都有危机意识，富有进取心，不能在团队里得过且过，要不断加强学习，提升自身水平。

（二）建立结构合理的人才梯队

新建本科院校在培育科技创新团队时，要注重围绕团队带头人来选择、吸引和凝聚一批高水平的核心成员，构建规模合理的人才梯队。

首先，要注意团队成员在知识、能力、教育背景和学科专业等方面的同质性、异质性和兼容性。大量研究表明，同质性、异质性和兼容性越高，团队成员对团队所面临的新任务、情境、资源、设备以及团队自身就会有更充分全面的理解，这样的团队运行效率更高。[①]

其次，要注意团队成员在年龄结构、学科专业、知识技能等方面的差异性和互补性。要充分了解和掌握团队成员不同的知识结构和潜在能力，使团队成员不仅在知识上形成优势互补，能将不同的理论观念和研究方法结合起来运用于科研活动中，从而实现创新。而在年龄、学历、学缘以及职称结构等方面实现合理分布，将推动研究的延续性和稳定性。构建创新团队时，规模不宜过大，因为规模过大不利于团队成员的沟通和协作。在此基础上，明确每个成员的角色与职责，坚持既有分工又有合作，充分利用团队成员的知识能力，形成充满活力的团队科研知识技能

---

① 者贵昌：《高校教师团队心智模式耦合路径的分析与探讨》，载《管理观察》，2008 年第 17 期，第 84 页。

体系。

此外，沟通交流机制对团队的内部建设也非常重要。在团队中，不同年龄、不同研究经验、不同研究水平、不同学科背景的人在彼此信任的前提下，通过深度交流、相互学习、启发思维，在思想碰撞中往往能够产生创新的火花，促进在原有研究基础上的新知识体系的产生，使创新团队始终能够持续不断的创新，从而保持竞争力。随着研究的深入、思想火花的产生、研究水平的提升、科研成果的涌现和成员的有序流动，科研团队也会发展壮大。

二、改革新建本科院校创新团队管理机制

（一）建立长效的管理机制

新建本科院校创新团队建设并非朝夕之事，需要建立一种长效的管理机制。团队建设的优化与管理措施主要有激励机制、纠正偏离目标的机制、促进既定目标顺利实现的机制、绩效考核机制、分配机制以及学术规范机制等。首先，新建本科院校建立激励机制时，要有全局思想，着眼大局利益，要考虑整体利益，建立的奖惩措施要能有效激发团队成员的内在潜力，调动其积极性并发挥其创造性；其次，新建本科院校要根据不同学科的性质和特点，实施分层、分类、分角色评价，注重对科研成果质量的考核；最后，建立科学、合理、权威、规范的绩效管理，其前提是必须拥有民主、自由、公平、开放的分配政策，科学有效的分配机制对团队成员的责、权、利是明确的。

（二）创新行政管理体制，设立创新团队组建与管理的绿色通道

管理不仅仅是监督、评价，更意味着价值引导。有什么样的

管理体制，就有相应的团队组织；有什么样的管理观念，就有对应的管理行为。因此，要真正建立起新建本科院校创新团队，需要在如下三个方面做出转变：首先，必须转变现有的管理观念，创新管理机制，变管理为服务，为创新团队的生根发芽创造适宜的"土壤"。其次，要弱化创新团队的行政隶属性质，还原其学术组织本性，变管理为服务；要用团队的成果或者切实的研究设想来申请资金或资助。最后，省级部门和学校科研部门要为创新团队的申请与制度建设提供绿色通道，不设不必要的门槛，不设非必需的条件，全力配合，积极支持。

（三）形成良好的沟通协调机制

团队成员沟通顺畅是团队合作的基础，团队本质上是因某种特定目标而存在的人际互动系统，成员间良好的信息沟通可以实现优势互补，从而更好地实现团队目标。经济学家约瑟夫·熊彼特指出，创造性的破坏是一种创新。这种破坏通常是在各种观点的碰撞下产生的，本质上是知识冲突引发了创新。下面从三个层面来分说。

1. 学校层面

该层面要打破内部学科分割的格局，跨越学科界限，推行多学科交叉，构建学校层面的科研创新平台，去除研究力量分散、研究资源利用率低和重复率高的诟病，加速知识融合和交流。

2. 团队层面

团队成员间的平等关系是知识碰撞的组织基础，在平等基础上充分交流，要鼓励观点争论，积极营造团队成员间坦诚相待、相互包容、相互尊重、团结协作的交流与合作机制，使团队成员的意见、困惑或诉求畅通表达，及时消除内部不和谐因素，提高成员对组织的认同感。

3. 个人层面

团队成员要主动与他人沟通联络，勇于表达不同的观点，但要始于问题，止于问题，尤其是负责人、带头人更应以身作则，不能以势压人，将自己的观点强加于人。

（四）建立合理的运行机制

新建本科院校创新团队应该坚持教学与科研相结合。新建本科院校由于平台不高，能够申请的课题有限，参与社会服务的层次不高，这就决定了团队并非完全单一的研究团队。加之新建本科院校经费紧张，有限的经费更多用于教学和日常支出，教师资源也比较紧缺。因此，除科研任务之外，新建本科院校科研创新团队应当承担相应教学任务。[①] 一方面通过教学可以弥补科研任务的不足，使科研创新团队实现两轮驱动；另一方面让教学活动成为激发科研问题的重要实践基础，同时，将科研成果有效转化为教学内容，从而促进教学和科研两大职能的良性互动。这样，科研创新团队才更有生机和活力。

（五）建立符合新建本科院校创新团队人员诉求的权益保障机制

创新团队在运行过程中，利益冲突难免，如何处理团队成员的诉求、保障其权益，也是需要认真考虑的事项。

1. 建立学术带头人遴选机制

一个优秀的学者，不一定是优秀的管理者；一个优秀的学术带头人，也不一定是创新团队的优秀领导者。目前的学术带头人遴选机制简单地以学者的学术资历和行政工作经历作为标准，极

---

① 余玉龙：《新建本科院校科研创新团队建设的困境、误区及其出路》，载《科技管理研究》，2011年第6期，第106页。

可能导致一系列的团队管理问题。当然，也不排除有的学术带头人可以胜任创新团队带头人工作，但学术带头人的经历并不是成为创新团队带头人的主要条件。因此，应认真研究遴选机制，保证真正具有学术凝聚力和团队组织力的人成为团队领导者。

2. 出台学术带头人权力责任制度

创新团队应明确学术带头人在人、财、物方面的调配权，以及其应承担的责任，使责任与权力对等，确保其在团队管理和运行中起到核心引领作用。

3. 配套团队人员激励机制

创新团队应充分考虑团队成员的个人价值实现与在团队创新中贡献的对等性，在评优、报酬、评职上给予明确鼓励，激发团队成员的工作热情。[①]

（六）建立科学合理的同行评议机制

目前创新团队获得资助的主要途径是课题申报，有了科研课题才有科研经费。然而目前的课题评议、核准和验收，均由上级行政机构组织管理，新建本科高校创新团队在省域内的课题申请和评议由于范围有限，有可能形成利益链，因此应该打破现有的利益格局，改变评价机制和标准，课题论证和成果评价应以同行评议为主，以创新为主要标准，行政部门只实施监督管理，不具体参与评价。

---

① 张淼：《新建本科院校创新团队管理机制问题分析》，载《教育与职业》，2016 年第 14 期，第 41 页。

三、培育有利于激发团队成员创新活力的文化氛围

(一) 认识和回应团队成员的个体目标

团队成员的工作,既有出自个人发展需要的工作,也有团队安排布置的职责和任务。一个效率高的科研创新团队,必定是一个能将个人工作与团队任务、个人目标与团队目标、个体利益与整体利益相统一的共同体。唯其如此,才能避免团队成员时间、精力上的矛盾,也才能更好地激发和满足团队成员的成就需要。为达此目的,需要做好以下两方面的工作。

首先,团队管理者要充分认识到来自不同单位的团队成员的发展诉求,即便来自同一单位的成员,处于不同职业生涯发展阶段,也可能会有不同的发展目标。因此,理解并尊重团队成员的个人诉求,是调动其参与创新积极性的前提条件。

其次,团队管理者要与团队成员共同参与构建发展目标。团队管理者既要向所有团队成员清楚地诠释团队发展的应然愿景,又要注意聆听每一位团队成员的个人发展诉求,理解其实然状况,要以引导、协商等方式帮助每一位团队成员找准自己的工作角色和目标定位,从而使团队目标与个人目标融为一体,使个人目标与团队目标高度一致,这才能有效提高新建本科院校科研创新团队的工作效率。[①]

(二) 以制度建设为手段,培育科研创新文化

科研制度建设的重点是构建以下三个机制。

---

① 曹如军:《成就需要理论视角下高校协同创新团队建设》,载《煤炭高等教育》,2017 年第 3 期,第 12 页。

1. 管理机制

随着时间的推移以及创新团队的不断发展，原有的管理制度有可能不适应现在的形势，这就需要改革。创新团队要将科研创新管理制度具体化为科研创新管理机制，通过机制建设理清科研创新工作的思路，完善科研立项、项目实施、成果鉴定、成果结题、经费报销等方面管理机制。

2. 评价机制

科研活动的价值何在、成果的水平如何、意义如何，都要通过评价来体现。评价可以是定性的，当然也需要定量的分析。对新建本科院校科研的评价，应以创新为导向，以科研创新成果的应用、转化、推广为目的，支持创新团队积极开展横向、纵向研究，实现多元化的评价标准。

3. 成果转化机制

成果转化是科技与经济结合的关键。一项科研成果问世后，如果不推广应用，也是无效的成果。所以，要构建科技成果转化的市场导向机制，打造有利于成果转化的制度和环境。首先，建立一批公共技术平台，推进研究成果直接应用于企业生产；其次，发挥科研人员的作用，引导他们走进生产第一线，为中、小、微型企业提供技术创新服务；最后，加强对科研成果的开发，并对科研成果转化水平进行有效评估，进而调整科研资金的投入比率，使研发投入落到实处。这种机制能把科学研究与市场需求紧密结合起来，产生产学研协同创新效果。科研人员不断适应市场需求，把自身研究领域与市场需求紧密相连，开展更多实用性强的项目研究。

在加强制度建设的同时，新建本科院校科研创新团队建设过程中还需重视对创新文化的培育。加强团队文化建设，增强科研创新团队的文化凝聚力，使团队成员能够在相互平等、开放、信任、坦诚、友好的基础上交流沟通。唯有如此，科研创新团队才能真正地发挥其应有的积极作用。

（三）营造宽松愉悦的团队工作氛围

新建本科院校科研创新团队成员均有较高的民主、自主意识，主要表现为具有不受他人控制的诉求及参与团队发展的需求。这就需要在总体制度框架之下，团队成员能根据自己的职责决定在工作中做什么、怎么做，以及搞清为什么要做。基于此，要根据科研行业、科研单位、科研人员的特点，创造宽松愉悦的内部环境，使科研人员能够更好地集中心思、专注主业。

在团队中营造既注重改善条件又注重精神关怀的科研文化氛围。新建本科院校应重视和加强科技创新所需的软、硬件建设，切实为科技创新创造良好的物质条件。注重通过对科研人员的思想关心、心理关照、人文关怀等，及时发现和帮助解决牵扯科研人员思想精力的各种后顾之忧和现实难题，真情实意地为科研人员身心健康和成长进步搞好服务保障，不断激发科研人员锐意创新的勇气、敢为人先的锐气、蓬勃向上的朝气，切实吸引和鼓舞人人都来争当科技创新的推动者、实践者。

构建工作氛围的具体做法很多，这里只就在团队中保持尊重和自由做一些分析。在科研创新团队建设进程中，尊重有两层含义：

首先是团队领导对团队成员的尊重，团队领导应成为道德型领导，强化自身在团队建设中的引领和示范作用，促使团队成员主动参与、自觉分享团队发展的责任。团队领导应有意识地采取民主型领导方式，在团队决策上共商共议，力求最大限度地听取成员的意见，切忌独断专行。这样可以使得成员之间更友好，成员间的情感更融洽，思想更活跃，凝聚力更强。

其次是团队成员之间的相互尊重。团队领导要帮助来自不同单位的团队成员自觉克服"文人相轻""同行是冤家"的心理，充分认识到彼此在团队中的作用和价值，促使团队成员认识到团队中有权威，但权威不能是"威权"，要让团队成员学会尊重对方的工作。团队成员的自由，是实现新建本科院校科研创新的保障性条件。团队成员的自由包括身体自由和思想自由。身体的自由可以通过建立弹性工作时间管理制度来实现。创新需要发散思维，需要标新立异。新建本科院校科研创新团队建设过程中要给予团队成员思想的自由。为此，团队领导应把团队制度制定的重点放在原则性的规定上，避免对工作任务、工作要求规定得过多过细，束缚团队成员的思想，压抑其创新火花。①

（四）构建紧密、和谐的团队人际关系

和谐的人际关系犹如催化剂、润滑剂，可以激发成员的斗志，增加成员间的默契，从而提高团队的工作效率，从此意义上讲，构建良好的团队人际关系很有必要。成就需要理论认为，人有亲和需要，有建立和谐人际关系的诉求。新建本科院校科研创新团队是成员生命成长的平台，理应注重成员精神需要。从现实情况看，一方面一些新建本科院校创新团队内部缺少精神激励的有效措施；另一方面团队成员的相互情感交流也不充分，流于形式。由于团队成员来自不同单位，多通过邮件、电话等现代通信手段联系，这种空间上的疏离容易导致团队成员彼此情感上的疏远和隔膜，也会造成团队成员尤其是来自不同单位的成员在工作上合作与交流的障碍。基于此，为构建和谐、平等的人际关系，新建本科院校创新团队的组织管理者可以通过以下两种方式来推动团队内部的情感交流。

一是搭建平台。作为主导者的高校应依据创新课题的需要，

---

① 曹如军：《成就需要理论视角下高校协同创新团队建设》，载《煤炭高等教育》，2017年第3期，第12页。

在团队内部搭建混合式平台，对来自不同单位的人员进行混合式编组，给予团队成员更多相互交流、相互学习的机会。

二是建立定期会议、定期交流制度。新建本科院校科研创新团队要给予团队成员更多跨单位、跨学科的交流机会，这种交流不仅仅局限于学术层面，还应延伸到生活和情感层面，从而促使新建本科院校科研创新团队成为一个相互合作、相互协调的有机整体，进而提升团队创新的成效。[①]

（五）建立公平公正的工作环境

每个成员都希望在公平公正的团队环境中工作，因为公平公正可以使成员相信付出多少就会有多少回报，相信自身价值在团队中能得到公正的评价，从而养成诚信踏实的工作作风。

科研创新团队可以从以下几个方面建立公平公正的工作环境。

一是报酬系统的公平。要制定有利于调动和保护大多数人积极性的政策，充分体现按劳分配为主，效率优先、兼顾公平的分配原则，突出投入产出的效率原则。同时，正激励手段的使用应多于作为负激励手段的惩罚，奖罚分明，重奖有突出贡献者。

二是绩效考核的公平。要运用科学的考核标准和方法，对成员的绩效进行定期考评。制定科学合理的绩效考核办法和考核标准，对成员的实际工作进行定性考核和定量测定，并做到真实具体；对每个成员进行客观公正的评判，建立各种监督机制，以保证考核工作的公开和公正。

三是选拔机会的公平。为了使各种人才脱颖而出，在成员的选拔任用上，应做到文凭与水平兼顾、专业与专长兼顾、现有能

---

① 曹如军：《成就需要理论视角下高校协同创新团队建设》，载《煤炭高等教育》，2017年第3期，第12页。

力与潜在能力兼顾，为各类人员提供公平的竞争舞台。

团队管理若能在各方面都做到公平公正，将大大提高成员的满意度，激发其内心深处的潜能，从而为团队不遗余力地奉献才智。

第六章　新建本科院校科研
创新团队激励机制

　　有效的激励机制是高校科研创新团队保持旺盛生命力和强大吸引力的必要依托，团队应借助激励的力量调动每个成员的科研积极性。然而目前，一些新建本科院校科研创新团队激励的效果并不理想，运行中存在激励机制低效的问题。[①] 激励机制的实际应用效果并不理想，关键问题是没有充分考虑到团队的特性。以往的激励机制大多是针对个体的，研究如何实现个体创造力的最大化，如何培养个体的竞争意识。而针对团队的激励机制更加复杂，团队激励要在个体激励的基础上聚焦培养个体的团队合作意识，探索如何激励团队成员共同努力，以获得高于个体智慧的团队智慧。

　　新建本科院校科研创新团队建设起步较晚，取得的成绩尚显不足，特别是科研创新团队，无论在组建、运行还是成效方面，都还处于较低水平，其中发展动力不足的问题尤为突出。究其原因很大程度上是激励机制不健全，这种不健全主要体现在激励的价值取向、内容与目标、模式与方式、队伍建设等方面。[②] 如何

---

　　① 慕静、王仙雅：《高校科研创新团队的运行机制研究》，载《高等农业教育》，2015 年第 2 期，第 51 页。

　　② 周春娟：《创新团队激励机制构建探讨》，载《中国高校科技》，2015 年第 7 期，第 28 页。

完善与加强激励机制建设，促进哲学社会科学创新与繁荣，是新建本科院校需要认真对待的问题。本章立足新建本科院校实际，探讨科研创新团队的激励问题。

第一节 激励的价值导向

价值导向决定行为方向，对科研创新团队进行激励的价值导向，决定着科研创新团队的创新程度和创新走向。鉴于新建本科院校特点和创新需求，新建本科院校科研创新团队应构建客观公正、合理实用的激励导向新体系。

一、构建客观公正的激励导向

新建本科院校往往存在办学积淀相对薄弱、科研创新意识淡薄和能力不强的困境，科研管理行政化倾向比较严重，科研项目的占有量和科研成果的奖励往往集中在有一定行政职务的人员手中，大部分一线教师和普通研究人员缺乏创新资源和创新平台，鲜有创新性成果。这必然导致科研创新的不均衡化发展，学校整体的科研创新实力和后劲不足。因此，建立客观公正导向的激励机制，对于调动科研创新团队积极从事科研创新，具有十分重要的现实意义，是目前新建本科院校科研创新团队建设的重要环节。

（一）构建多元立体的激励导向

激励是指通过激发人的动机，个体能最大限度地完成目标的心理过程。行为科学研究表明，个体处于工作积极性很高的状态，能发挥85％以上的才能；反之，就只能发挥30％以下的才能。这说明提高创新团队成员的积极性对科研成果产出具有重大意义。

在创新团队中构建多元立体的激励导向，可以很好地调动团队成员的学术研究和自主创新的积极性。

1. 多元激励

美国行为科学家亚当斯认为，人的工作积极性不仅与个人实际报酬多少有关，而且与人们对报酬的分配是否感到公平更为密切。心理学家维克多·弗罗姆认为："激励＝效价×期望率"。因此，新建本科院校科研创新团队在对其成员进行激励时必须考虑个体的特点与需求。多元激励就是要构建多纬度的、多途径的激励措施，发挥激励的综合作用，全面激励团队成员的积极性和主动性。多元激励应遵循以下原则。

（1）公平、公正原则。

在公平、公正的环境下，创新团队的激励机制才能起到提高成员积极性、主观能动性、创造性的作用。

（2）内外部激励结合的原则。

内部激励主要指团队成员在工作中取得成就感、荣誉感和满足感等，外部激励主要包括工资、奖金、福利、津贴等，只有两者结合才能内外兼顾。

（3）正负激励结合的原则。

正激励是指对团队成员符合组织目标的行为进行鼓励，负激励是指对团队成员违背组织目的的行为进行惩罚。坚持正负激励相结合，有利于团队形成良好的作风。

（4）团队激励与个人激励相结合的原则。

团队激励能够避免由于团队成员过度注重竞争而引起的团队力量分散甚至团队解体，个人激励能够避免团队成员相互指望对方而造成"大锅饭"局面。所以高校创新团队必须坚持团队激励与个人激励相结合，两者缺一不可。

在以上激励原则基础上，针对新建本科院校科研创新团队实际，可以重点从以下几个方面构建多元化的激励体系：

第一，坚持精神激励与物质激励并举，更加注重精神取向。

对科研创新团队及其成员的奖励应坚持物质激励与精神激励同时进行，缺一不可。物质激励是指运用物质的手段使受激励者得到物质上的满足，从而进一步调动其积极性、主动性和创造性。如果科研人员物质需求长期得不到满足，就会影响其积极性的发挥。物质激励是基本的、必要的，在某种程度上也是奏效的，但纯粹的物质激励会导致科研人员把追求物质利益当作科学研究的第一目的，忘了科学研究的真正目的是探索、认识未知。这种舍本求末的错误认知容易引起科研浮躁之风，甚至出现造假现象。

精神激励是指运用精神的手段使受激励者得到精神上的满足，从而进一步调动其积极性、主动性和创造性。没有一定的精神激励，科研动机容易迷失方向，导致科研活动成为追求名利的载体。因此，精神激励和物质激励应紧密联系，互为补充，相辅相成。只有精神激励和物质激励相结合，才能收到事半功倍之效。

第二，坚持集体奖励与个人奖励结合，更加突出团队发展。

对科研创新团队创造的成果，学校从宏观上核算总的科研工作量及奖励金额，实行的是集体奖励。为了更好地激励科研创新团队成员积极从事科研工作，科研创新团队还应实行内部激励，即团队带头人根据成员的贡献情况实行按劳分配。团队带头人应召集全体成员讨论，广泛征集每个成员的意见，严格按照成员的贡献量、劳动量公平分配奖励。在团队内部应注重营造自由、平等的氛围，团队每个成员包括团队带头人都是自由、平等的。对于团队带头人准确把握学科发展方向，规划、组织、协调整个团队工作要予以肯定，并给予计算一定的科研工作奖励金，但科学研究过程的具体实施工作更艰辛，实践中遇到的困难与问题更多，要实事求是地考虑每个成员所做的贡献。团队带头人应力求做到客观公平地评价每个成员，调动全体成员的积极性，激发全体成员的创新潜能。

第三，坚持团队建设与制度建设协调，更加注重协同创新。

对创新团队及其成员的激励必须建立一整套公正、公平、公开的制度体系，据此稳定有序地实施管理。科研创新团队创造的成果应具有本学科领域的科学性和创新性两个最基本的属性，科学性是前提，创新性是关键。科学性与创新性是激励的定性依据，而激励的定量取决于科研攻关的难度大小，难度越大的科研成果奖励力度越大。一般来说，在理论研究、应用研究和开发研究这三种类型中，理论研究难度最大，应用研究和开发研究次之；交叉学科的研究往往比单学科的难度大。

制度的公平性体现在是否对所有科研创新团队及其成员一视同仁实施奖惩，坚持统一标准，不偏不倚。奖励应以科研成果为依据，不能有任何人为因素。公平的制度会使每个受奖对象对自己所得的报酬产生满意感、满足感，增进成员之间的协同合作，关系也更加融洽；否则会产生消极情绪，影响团队整体效能。美国心理学家亚当斯在进行大量调查的基础上，发现一个人对自己所得的报酬是否满意不是只看其绝对值，而是要进行社会比较或历史比较，看相对值。通过比较，判断自己是否受到了公平对待，从而影响自己的情绪和工作态度。[①]

制度的公开性是指制度的内容以及制度的执行情况要向所有成员开放，不存在暗箱操作或因人而异，制度的形成过程、执行过程都应该是公开进行的。

---

① 徐建军：《国有企业激励机制的研究》，载《中国机电工业》，2005 年第 5 期，第 78～83 页。

2. 立体激励

美国心理学家戴维·麦克利兰指出人有三类基本需求：成就、权利、情谊。美国社会心理学家马斯洛指出，如果要激励成员，必须知道他现在处于哪个需要层次，然后去满足这些需要及更高层次的需要。因此，新建本科院校科研创新团队既要满足成员低层次需要，又要适时引导其向着更高的需要层次奋进，在有效协调基础上激励团队成员的积极性。目前新建本科院校所采用的激励形式相对单一，主要是通过科研配套经费、团队人员岗位津贴、定期审查等来考评和激励创新团队。鉴于团队成员都是高素质人才，其往往看重较高层次的需求，仅仅采取上述激励措施是远远不够的，应构建立体化的激励机制，可以从薪酬激励、工作激励、机会激励、文化激励等方面入手，来构建立体的激励机制。

（1）薪酬激励。

薪酬是实实在在的激励。日常生活中人们通过更多努力来获得更多的薪酬。薪酬激励应该在竞争的基础上，体现公平、公正。一方面，团队成员在团队中的角色、级别不同，薪酬水平则不同，团队带头人应根据具体情况设定等级划分标准、成员薪酬水平和比例。当然，也可采取集体协议薪酬制。另一方面，将薪酬分为基本薪金和绩效薪酬两类：薪酬＝基本薪金＋绩效薪酬。基本薪金是根据团队成员所承担的工作本身的性质确定的稳定性报酬，绩效薪酬是根据成员的绩效进行的个人奖励，可以根据具体情况将其划分若干级别；为了表彰团队成员的特殊贡献，可以单独对有突出贡献的成员进行一定额度的特殊奖励，以便对团队做出突出贡献的成员得到应有的奖励，激励其继续发挥主要作用，树立标杆意识，对团队其他成员也具有一定程度的榜样性激励。

（2）工作激励。

工作激励是针对团队成员工作性质和岗位可能体现的创新价值而对成员进行的激励，这种激励不以物质为激励要素，是以工作岗位在创新团队中的重要性和提供舒适的工作岗位为激励要素的。工作激励可以从以下几方面着手：一是工作目标设计。清晰、详细地界定团队成员科研任务，使团队成员明确最终需要达到怎样的科研目标，及通过怎样的努力将会得到什么样的结果；同时，目标的设定既要有可操作性又要有一定的难度和挑战性，增加团队成员的成就感。二是工作过程设计。这种激励方式可以让团队成员在工作过程中体验到责任感、重要性以及工作的意义。三是建立知识成果明晰制。明确成员的知识产出，明确已经形成的科研成果的归属权，将知识成果与薪酬挂钩，对成员的劳动成果进行认可。

（3）机会激励。

在创新团队管理中，给予团队成员个人发展机会，针对不同成员的特点和科研专长制定不同的发展规划，激励成员的工作积极性。机会激励包括参与科研项目的机会和个人发展的机会，一方面利于开发团队成员的科研潜力，另一方面有助于增加团队成员的满意度和成就感。机会激励为团队成员的发展提供足够空间，让其独立承担部分科研项目；为团队成员提供一定自主科研创新的平台，可以使其有充分锻炼和发挥才能的机会。

（4）文化激励。

文化激励是通过对创新团队发展过程和发展前景的一系列设计，展现创新团队的价值与潜力，体现人本关怀，从而达到凝聚团队成员思想，鼓舞团队成员斗志，培育团队成员归属感的一种激励方式。文化激励由以下几方面组成：一是树立"以人为本"的价值观，将人置于文化管理的核心，确立人的主导地位，通过卓有成效的文化活动来调动科研人员和科研管理人员的主动性、积极性和创造性；二是在团队建设中培养民主和谐的学术氛围，通过良好、有效的沟通，以及和谐的人际氛围为团队成员减压，进而为其更好地创造性发挥技术和才能提供空间；三是致力于为人的发展积极创造条件，努力促成团队成员的全面自由的发展。团队领军人物的人格魅力也是文化激励的一部分，带头人对成员的关爱，能从情感上激发团队成员奋力攻关的斗志和决心。

（二）构建基于成果评价的激励导向

目前高校科技评价存在评价指标定量化、评价主体行政化、评价方法简单化、评价结果功利化等问题。调查研究显示，我国高校科技工作者对科技评价的满意度较低，参与评价改革的积极性不高。[①] 作为哲学社会科学研究，对科研创新团队研究成果的客观评价在某种程度上关系到团队的稳定性、积极性、主动性。新建本科院校科研创新团队应坚持正确的科研评价导向，以此激励团队成员开展创新性工作，促进创新团队多出成果、多出好成果。

与研究型大学相比，新建本科院校的科研评价体系没有那么复杂，评价指标也较之研究型大学少很多，评价过程也较为简单。但是针对新建本科院校进行科研体系评价却有其特殊性。如果研究型大学更加注重宏观的制度建设，兼顾细化指标评价体系构建，那么新建本科院校则更加注重微观的具体科研评价指标选取问题。所以，针对新建本科院校应该解决的问题：根据新建本科院校的发展定位建立一套适用于新建本科院校的科研评价框架体系。

---

① 田兴国、吕建秋、叶李等：《高校科技评价认知度及满意度实证分析》，载《中国高校科技》，2017年第7期，第11页。

1. 规范同行专家评价

邀请同行专家评审是高校科研成果评价的基本方式之一。调查显示，在高校科技评价方式中，采用"邀请国内外同行学科专家"的占比 30.57%，排在首位。[①] 实施同行专家评价，专家的组建是关键环节。调查结果表明：目前在高校已实施的科技评价改革中，"根据学科类型实施分类评价"占比 31.11%，"建立健全评价专家库"仅占比 11.83%。调查结果也显示：在 503 名调查者中，75.75%的被调查者表示对目前学校科技评价体制机制感到不满意，这表明高校科技评价体制机制已经不适应目前高校科技创新的发展需要，高校科技评价体制机制改革需求强烈。[②] 因此，为改进当前科研成果评价存在的评价方法简单化、评价指标定量化、评价结果功利化、评价主体行政化等问题，要不断规范和完善同行专家评价的机制，要完善科研成果评价专家的遴选方式和评价方法。目前高校科技评价专家数据库建设滞后，无法满足日益增长的高校科技评价发展的需要。因此，要大力加强高校科技评价基础建设，加大专家数据库建设力度，增强遴选专家的随机性和代表性；整合各方资源，遴选国内外各学科领域的优秀学者、专家等；逐步建立和完善高校科技评价专家数据库，所涉及学科领域甚至细化到研究方向；加大海外专家信息收集力度，逐步扩大评审国际化范畴，为高校科技评价专家遴选做好资源基础建设；建立与同行评价相互验证的机制，以提高成果评价的客观性、公正性和权威性。

2. 完善学术委员会评价

学校学术委员会评审是高校科研成果评价的又一基本方式。

---

① 田兴国、吕建秋、叶李等：《高校科技评价认知度及满意度实证分析》，载《中国高校科技》，2017 年第 7 期，第 12 页。

② 田兴国、吕建秋、叶李等：《高校科技评价认知度及满意度实证分析》，载《中国高校科技》，2017 年第 7 期，第 13 页。

在高校科技评价方式中,采用"学校学术委员会"的占比27.77%,排在第二位。[①] 学术委员会作为一种重要的科研成果评价机制,还存在一些问题,集中体现为行政化倾向严重,学术评价存在主观随意性,影响科研成果评价的客观性。以某学院为例,笔者调查发现,在学术委员会这样一个学术性组织中,具有正高职称的学术委员同时担任着行政职务的人数及比例很高(达到93%)。也就是说,纯粹在专业技术岗位的教授和博士在学术委员会中的比例很小(分别为7%和5%),学术委员会成员大都由担任着行政职务的教授、博士兼任。从管理队伍看,具有高级职称和硕士以上学位的人员已成为管理队伍的主体力量,仅在党政管理部门担任正、副处级干部的就有正高职称22人和博士10人,这其中的一些学术型人才从事管理工作,影响了学术研究的自由开展。从整体状况来看,新建本科院校在学术管理方面存在较严重的行政化倾向和"官""学"两栖现象。一方面,在学术委员会的人员组成中,具有行政职务的人员占了较大比例,专业技术人员比例较低,学术行为行政化,不能按自身规律运行,学术自由难以实现;另一方面,在行政管理部门的人员组成中,具有正高职称和博士学位的学术型人才又占据了较大比例,繁重的行政事务"淡化"了他们的学术才能,影响其学术才能的施展。在这种行政化的学术环境中,学者处于半话语权或无话语权状态,如各类课题特别是校级课题的立项、市级以上学术带头人的选拔、职称评审、校级以上学术评奖等,无不受到行政化的影响和干扰,这违背了以学术自由为核心的现代大学精神,也不利于调动广大教师的学术积极性,学术创新与学术繁荣受到影响和制约。由校内知名学者和教授组成学术委员会,而不是仅仅由学校

---

① 田兴国、吕建秋、叶李等:《高校科技评价认知度及满意度实证分析》,载《中国高校科技》,2017年第7期,第14页。

领导层担任学术委员会委员，这就在行政管理体制上改变了以往只注重行政管理而不注重学术的情况。

从世界知名大学的发展经验看，先进的管理水平和高度的学术自由是推动其快速发展的两大支点。从治理的角度讲，新建本科院校应当努力克服行政化严重的内部管理模式，特别是学术评价机制，要理顺创新团队科研成果的评价机制，调动创新团队的创新积极性，实现行政权力与学术权利各按其内在规律运行。首先，行政权力应服务于学术权利。要加强行政管理部门的人员组成结构性改革，将懂管理、会管理的人员充实到管理队伍中来，要适当减少具有高职称、高学历的学术型人才在行政组织中的比例，发挥各自所长，使人才各得其所。其次，要强化和规范学术权利。作为新建本科院校，要按照大学的内部逻辑，突出学术自由在大学发展中的主体地位，强化学术委员会的学术地位，增强学术人员对学术资源的配置和使用权。在学术性组织内应充实专业技术人员，使具有正高职称和博士学位的专业技术人员占据学术性组织的重要地位，充分发挥学术性组织的应有作用，不断推进学术创新和学术繁荣。[1]

3. 构建发展性评价体系，激发团队成员的内在动力

外在评价可以激发团队成员的积极性，内在评价更有助于提高成员的主动性，是成员主动参与科研的内在驱动力。构建发展性评价体系，能够从根本上激发成员自主创新的原动力。

（1）构建一种注重发展、面向未来的评价取向。

评价是一个过程，对科研人员的评价要体现发展性。对每一位创新团队成员的评价应该是对其现有的发展特点和水平、工作情感和态度、工作状况以及未来的发展需求与可能，进行完整

---

① 胥刚：《新建本科院校提升治理能力的路径》，载《西昌学院学报（社会科学版）》，2015年第3期，第105页。

的、综合的评定。这不仅是对成员的现有价值的肯定，而且是对成员的潜在价值的肯定，要根据成员现有的工作表现，确定其个人的发展方向和个人发展的目标，并依据评价提供的信息激发成员自我完善的需求，明确继续发展的目标，为他们提供进修或自我发展的机会。因此，对成员的评价至少应包含三个方面的内容。一是"你现在在哪里"，即指你所在群体坐标体系中所处的位置，带有安置性或诊断性，这样可以让成员明白自己在"小团体中的自我"；二是"你可到哪里去"，即指你的"最近发展区"，带有导向性或启发性，成员可以将自己的过去、潜能、自身发展作为标准来评价"时间发展序列当中动态的自我"；三是"你怎样到达你的'最近发展区'"，即指你今后发展的步骤、条件和方法，带有发展性，是有无穷的激励功能，成为成员自主发展的原动力。

（2）突出成员在评价中的主体地位，培育成员的自发创新意识。

被评价者在评价中占据主导地位——决定评价价值的是被评价者，决定是否理会评价信息的也是被评价者。被评价者还是最终通过评价期望发生改变的执行者。由此可见，如果忽略评价对象在评价中的地位和作用，那么评价的价值和效果会大打折扣。因此，应该让创新团队成员认同评价、支持评价并积极参与评价。近年来，提倡自我评价是突出评价对象主体地位的典型表现。采用自我评价有不可替代的优势，谁最了解评价对象，评价对象的工作背景是怎样的，其工作的优势和困难是什么，他们想从评价中得到什么，只有评价对象本人对此了解得最清楚。同时，评价对象的自我评价与自我反省、自我监控、自我促进有密切的联系。在自我评价的过程中，评价对象能主动收集与自己有关的教学数据，对其进行判断和反思并能考虑提高和改进的途径。

　　近年来，教师评价发生的一个重要转变就是过去的教师评价只用于对教师进行测量和评估，现在还期望通过评价促进教师的成长和发展。[1] 对创新团队成员的评价也是如此，每个成员都有自己的需求和目标，希望得到多方面的满足，如寻求责任、自主、成就感、兴趣、自我挑战、自我成长和发展的机会以及展示自己的才能等。因此，一个好的评价应该是向评价对象提出职业发展和个人发展的建议，明确成员内在的潜能，提高他们的自尊和自信，让他们能针对自己的具体情况，结合自己的专业发展目标，主动、自主地进行学习和提高。

　　（3）建构一种全员参与、共同进步的评价模式，培育成员自我反思的能力。

　　研究发现，个体通常主动地从其他人那里（同伴、下级或上级等）去寻求而不是消极地坐等反馈信息。[2] 通过寻求反馈，个体能够就获得的信息进行反思，然后能够有针对性地改进自身专业发展方式，寻求更多的学习机会，以不断提高自身的专业素质。对 230 名教师的调查发现，80％的教师认为对其他教师的观察有助于自己的专业成长。[3] 同时，教师评价别人的过程也可以促进自己的发展，教师之间可以相互鼓励、相互借鉴。对创新团队成员的评价也是如此，评价不应该是单向的，也不应该满足于得到一个评价结论，与评价对象没有交流的评价，对评价的结果及其作用是完全没有把握的，有时甚至可能产生事与愿违的结果。评价中没有交流不但伤害了成员的知情权，也是造成成员在

---

　　① 赵希斌：《国外发展性教师评价的发展趋势》，载《比较教育研究》，2003 年第 1 期，第 72～75 页。

　　② 冯明：《组织中个体寻求反馈行为的研究》，载《心理学动态》，1999 年第 4 期，第 44～49 页。

　　③ 赵希斌：《国外发展性教师评价的发展趋势》，载《比较教育研究》，2003 年第 1 期，第 72～75 页。

评价中感到不安的一个重要原因，这样的评价使成员丧失了解自己的机会，并剥夺了他们发表看法和意见、进行反思和申辩的权利。相反，如果评价中的交流充分而恰当，不但可以收集到许多评价信息，及时纠正评价中的偏差，还可以通过反馈过程将评价中的有关信息告诉评价对象，听取他们的意见。通过评价中的交流，评价双方还可以探讨评价中反映出的问题并展望未来的发展，在此过程中能够有效地促进评价对象的自我反思。因此，应当采取评价对象民主参与、全员评价、全面评价和共同进步的模式，加强对创新团队成员的科研工作过程的跟踪评价，及时开展评价信息的双向交流，周期性地对成员发展目标的执行情况进行分析，激发成员自主创新的内在动力，让评价成为成员不断自我完善的过程。

4. 加强评价制度建设

目前，高校科研成果评价存在一些问题。调查结果表明：在高校科研成果评价中，"重短期轻长期"问题占比 22.65%，排首位；"重数量轻质量"问题占比 21.56%，排第二位。另外，"重个人轻团队"问题占比 15.67%，"重统一标准轻学科特点"问题占比 17.76%，"重纵向轻横向"问题占比 9.28%，"重成果轻转化"问题占比 11.98%，"其他问题"问题占比 1.10%。[1]在高校科研评价的方法中，采用"以定量为主，定性为辅评价"方法占比 53.50%，排首位，是高校科技评价采用的最主要方法。[2]调查发现，在 503 名被调查的高校科技工作者中，只有55.47%的受访者了解学校的科研评价体制机制，44.53%的受访者不了解学校的科研评价体制机制，高校科研工作者对科技评价

---

① 田兴国、吕建秋、叶李等：《高校科技评价认知度及满意度实证分析》，载《中国高校科技》2017 年第 4 期，第 14 页。

② 田兴国、吕建秋、叶李等：《高校科技评价认知度及满意度实证分析》，载《中国高校科技》2017 年第 4 期，第 13 页。

总体认知度不高。因此，要鼓励广大高校科研工作者积极参与科研评价改革。高校科研评价工作是推动高校创新驱动发展的一项基础性和根本性工作。高校科研评价改革的成功有赖于广大高校科研工作者积极参与，然而当前高校科研工作者参与科研评价改革的积极性不高，严重影响高校科研评价改革成效和高校科研创新工作的可持续健康发展。因此，要突出高校科研工作者在科技评价中的主体地位，充分调动广大高校科研工作者的积极性，鼓励他们参与科研评价改革，对在改革实践中涌现的新思路、新办法、新举措给予保护和支持。[①]

以上所有问题都不同程度地影响了创新团队及其成员的积极性、主动性和创造性，新建本科院校创新团队建设应在评价环节有所改革和创新，加强制度建设。科研评价是科研工作的关键环节，也是一种具有常态化的激励环节，需要建立长效机制，不能人为地、随意地改变，以保证科研评价、正态激励的正常化。

一是建立科研成果评价的制度体系，将科研成果评价的基本模式、工作制度固定下来，保证客观公正地评价科研成果的价值、应用前景和优缺点，保证科研成果评价不因人改变。

二是建立科研创新团队成员的评价制度，充分发挥正激励的作用，尽量减少负激励，构建发展性评价体系，形成科研人员参与科研评价的制度体系，保证科研人员在评价过程中的参与权和知情权。

三是建立科研创新活动的评价制度体系，在科研活动的过程、类型、特点、形式等环节加以客观评价，对科研活动与科研成果的关系进行评价，保证科研创新团队沿着正确的方向开展创新工作。

---

① 田兴国、吕建秋、叶李等：《高校科技评价认知度及满意度实证分析》，载《中国高校科技》2017年第4期，第14页。

四是健全科研成果评价的监督机制和责任制度。目前一些高校特别是新建本科院校的科研成果评价监督机制还不健全，责任制度落实不到位。因此，需进一步健全高校科研成果评价监督机制，扩大公众对科研活动的知情权和监督权，强化科研人员的社会责任，加强科研诚信和科学伦理的社会监督，加大对学术不端行为的惩处力度，建立高校科研成果评价专家责任制度和信息公开制度。

二、构建合理实用的激励导向

新建本科院校与综合性大学不同，教师整体素质和科学研究的使命具有自身的特点和规律，其科研创新团队建设的宗旨与综合性大学自然也应有所不同。因此，在激励导向上与综合性大学科研创新团队也有所区别。根据新建本科院校实际情况，其科研创新团队在激励导向上应坚持合理实用的原则。所谓合理实用，是指在激励的内容上，新建本科院校应更加注重务实性。由于新建本科院校在本质上属于教学型大学，科学研究定位在应用研究层面，这与综合性大学以基础研究为宗旨有根本的区别。因此，新建本科院校科研创新团队对成员激励的层面应定位在应用研究层面，凡是对人才培养、应用技术研究有参考价值的研究，都应放在激励范围之列。科研创新团队的宗旨和目标定位，也不应该在基础研究创新上，而是在应用技术研发方面。这里所说的应用技术研发，可以是对人才培养有参考价值的研究成果，也可以是对技术研发有指导价值的技术创新等。

第二节　激励的模型构建

科研创新团队具有自身的特点和规律，目前虽然对这一特点和规律的把握还很不准确（只能粗线条、概括地加以描述），但是通过全面系统的调查分析，我们认为，新建本科院校科研创新团队激励机制的特点和规律类似于契约式合作组织激励的特点和规律，我们可以通过一定模型展示其激励特点和规律。

一、新建本科院校科研创新团队的激励特点

科研创新团队是以科学技术研究与开发为主要内容，由为数不多的具有知识、技能交叉互补特点并且愿意为共同目标相互承担责任的个体组成的群体。① 这是科研创新团队的一般性概念，新建本科院校科研创新团队在内涵上属于科研创新团队，是根据一定的创新型目标，按照专业结构和特长组织起来的具有创新能力的合作型组织，往往以科研项目为载体，按照合理分工有序开展研究。团队以优秀的学科带头人为领导，兼顾成员的成长与发展，注重学术创新，注重理论联系实际，研究成果用以服务教学、服务学校发展和服务地方。

高校科研创新团队具有普通团队的一般特点，比如都有自己的目标，强调成员之间的沟通与协作，都是正式的群体等。但是，高校科研创新团队又有一些与普通团队相区别的特点：高校科研创新团队的目标是学术目标，如进行基础科学研究、应用科学研究等；其主要基于高校科研计划以及学术带头人追求特定学术目标的愿景；高校科研创新团队更强调信息共享及良好的沟通与协调；由于成员的高学历与高素质，高校科研创新团队多为成员相互尊重、相互信任、能够充分发扬学术民主的研究群体。

新建本科院校科研创新团队具有高校科研创新团队的一般特点，但也有自身的特点：它是以哲学社会科学创新为指向、以引

① 杨炳君、姜雪：《高等学校科研创新团队人力资源管理模式创新研究》，载《大连理工大学学报（社会科学版）》，2006 年第 1 期，第 63~66 页。

领哲学社会科学发展方向为目的的创新型组织，成员结构具有学科交叉与合作的明显特点，可以是基础研究，也可以是结合自身学科的应用研究（将哲学社会科学的研究成果与成员自身学科相结合），研究成果主要在于深化、拓展哲学社会科学的理论体系，用以服务教学、指导社会实践。

从激励的角度上讲，新建本科院校科研创新团队可以看成是委托（代理）关系，即把团队管理者看成是委托人，把成员看成是代理人。管理者希望成员为实现组织目标而努力工作、相互合作，而成员从自己的利益和兴趣出发，投入项目上的精力或努力的方向可能与管理者所期望的目标不一致，这就会产生冲突。因此，管理者需设计激励机制，协调成员的行动，以确保团队目标的实现。[①] 同时，由于团队不是人员的简单相加，而是有其密切合作的特点，在激励方面更应注重团体激励而不仅是个体激励。团体激励有利于合作，而具有激励性质的合作更能促进团队的整体创新，体现出团队智力高于个人智力。激励的客体应以科研创新团队整体为主，考察团队整体需求，观测团队的整体动机、行为与努力程度，考核团队的整体绩效，从而设计出科学有效的激励制度与激励措施，提高团队效能。

二、新建本科院校科研创新团队的激励模型

现代激励整合理论[②]认为，个人的努力程度取决于机会、成就需要和个人目标的引导，个人通过努力得到的最终目标，则是按照"努力—绩效—奖励—个人目标"的路径展开的。就新建本

---

① 杜潇、林莉：《大学科研创新团队激励机制构建研究》，载《中国电力教育》，2010年第33期，第203页。

② 现代激励理论体系主要有三大类：内容型激励的理论、过程型激励理论、行为修正型激励理论。具有代表性的理论主要有马斯洛的需求层次理论、奥尔德弗的ERG理论、双因素理论、期望理论、公平理论、X理论和Y理论。

科院校科研创新团队而言，其激励是一种契约式的激励模式，团队成员受激励的水平和程度影响，取决于团队目标预期和团队成员目标预期的相关度以及他们之间达成的共识。高激励水平的科研创新团队是在团队目标、成员个人发展和共同工作方法方面达成一致，形成一种心理上的契约。

契约式激励模式的特点是，激励主体与激励对象处在平行对等的位置上，起初双方目标预期各自独立，通过契约的建立，二者结合在一起，经过努力向共同目标发展。共同目标的实现也就意味着组织目标与个人目标同时实现。这一激励模式的运作原理从理论上确立了团队成员之间是一种新型的平等合作关系。这一关系的确立可以有效地减少团队成员的短期行为，极大地提高团队成员的工作积极性和效率。

受契约式激励理论的启发，我们可以尝试性地设计新建本科院校科研创新团队的激励模型（如图 6-1 所示）。

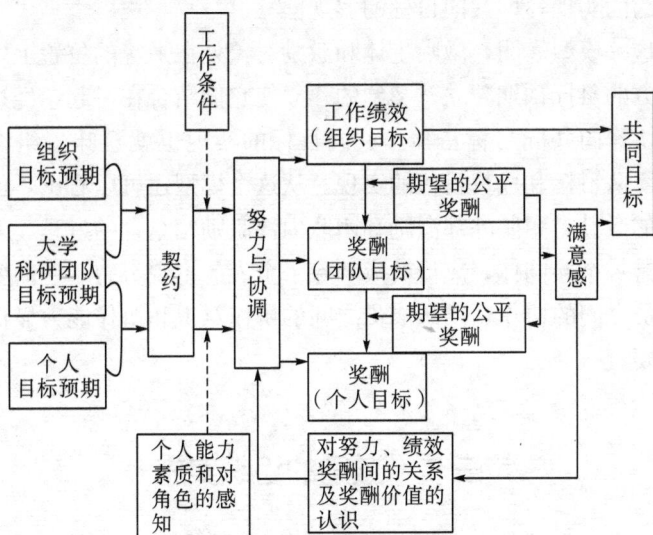

图 6-1　科研创新团队激励模型

这一模型是以激励理论的"目标—预期—契约—努力—共同目标"为主线加以设计的,具体描述:组织、团队和成员对各自的预期目标进行设定和规划,三者之间形成契约。在契约的约束下,组织提供良好的工作条件和环境,团队为成员营造和谐的氛围和有效的管理,成员则必须具备良好的个人能力与素质,并对组织、团队的期望意图和个人角色有充分的感悟、理解,在此基础上团队成员团结协作、努力工作。

团队成员的协作和努力将产生三个结果:一是团队的绩效实现了组织的目标;二是组织对团队的绩效进行奖励;三是成员的合作和贡献实现了团队的目标,团队对成员进行奖励,同时团队和成员所期望的奖酬与实际奖酬的比较使得团队和成员都获得满意感。由满意感所引发的团队及其成员对奖酬价值的认识和主观评价,以及对"努力—绩效—奖酬"之间关系的感知又影响其工作努力程度的高低。组织目标、团队目标和成员目标的实现标志着契约的实现,即共同目标的实现。

这一模型表明,激励主体和激励对象处在平等的位置上,起初各方的目标预期独立,契约的建立使它们结合在一起,经过努力和协作向共同目标奋斗。共同目标的实现也就意味着组织目标、团队目标和成员目标的实现。从这个模型还可以看出,创新团队的激励是团队外部激励和团队内部激励相结合的过程。创新团队是一个共同体,成员的成功除了个人的主观努力,还需要团队成员之间的协作,团队成员之间的协作意识和协作能力显得尤为重要。

第三节　激励的组织实施

激励的组织实施是关键,也是创新团队有效开展工作的前提。没有有效的组织实施，创新团队就难以高效运行，团队成员就会缺乏积极性、主动性和创造性，同时团队的凝聚力、协作程度也有赖于良好激励的最终落实。新建本科院校科研创新团队的激励机制是多维立体的，各种内外部激励因素相互作用、有机渗透。由于团队成员间客观存在的个体差异性，各种激励因素对不同时期、不同情况、不同对象所起的激励作用可能不尽相同，新建本科院校应根据实际情况系统地运用激励理论，设置合理的激励措施，形成一套行之有效的激励机制，激发团队成员的创新激情，保证团队整体的创新活力。新建本科院校科研创新团队激励的组织实施，重点要处理好以下几个环节的问题。

一、营造信任、和谐的团队合作氛围

信任作为一种在某种关系中监督参与者行为的非正式监控机制，是知识转移的重要基础，尤其在隐性知识的转移扩散过程中，人与人之间的信任、相互吸引和彼此尊重能促进人们之间的合作。在很少或没有人际关系信任的条件下，将会阻碍知识转移和知识共享，产生机会主义行为。目前，高校科研创新团队运行中存在信任机制堪忧的问题[①]：一些高校科研创新团队成员之间的信任问题令人担忧，他们担心贡献知识和信息后得不到对等的回报，因此他们会保留知识、垄断信息，使团队整体上表现出更多的竞争结果而非合作结果。同时，不信任会导致知识交流障碍，防备心理的产生，猜疑、嫉妒等消极情绪的出现。这些问题不仅不利于团队的沟通，而且很难实现团体的科研目标。

因此，信任是确保团队有效运作不可或缺的机制，成功的科研创新团队最显著的特点之一就是成员之间高度信任。信任能加

---

① 慕静、王仙雅：《高校科研创新团队的运行机制研究》，载《高等农业教育》，2015年第2期，第52页。

快成员的合作步伐，大大降低合作中的不确定因素，进而促进科研目标能更好更快地实现。新建本科院校科研创新团队成员之所以存在一定程度的交流障碍，主要原因在于成员之间的信任缺乏，担心知识共享后丧失了拥有知识所带来的垄断收益。科研创新团队中成员间的合作是为了实现共同的科研目标，并非为了寻求个人利益的最大化，所以较少存在成本、收益和风险方面的权衡。科研创新团队中的信任应是由最初基于声誉的信任，逐步发展为了解型信任，最后达到信任发展的最高阶段，即基于认同的信任。① 在团队组建之初，科研成员可能没有合作的历史以产生常规信任，因此，基于声誉的信任有助于团队成员愿意投入数量更多、质量更优的资源，从而创造更多的合作收益。随着交往时间和交往次数的增加，成员间在不断的互动合作过程中逐渐磨合和加深了解，从而产生基于了解和认同的信任。科研创新团队认同型信任产生的关键是创设一种有感召力的团队文化，在高度认同团队目标、规范和价值观的基础上，成员间的信任关系趋于稳定，成员间本着真诚、信任和理解的态度，主动沟通，解决冲突。新建本科院校科研创新团队要注意关注每个成员的情绪变化，洞察成员的心理，及时发现有碍信任机制的不良因素，积极解决成员之间的矛盾，削弱成员之间的防御心理。

二、增强团队成员对目标的信心

团队目标体系的设定对成员的行为具有强烈的引导和激励作用，设置一个具体、明确、适宜的目标是目标发挥激励作用的基本前提。当目标的挑战性与团队成员的能力和技能呈正比时，将起到激励效果；反之，则抑制激励效果，导致消极情绪和消极行

---

① 王梅、李亚婕、王怡然：《科研团队信任关系的构建研究》，载《科技管理研究》，2008 年第 1 期，第 167~169。

为的产生。如果团队目标设置科学合理，又有很强的感召力和吸引力，团队成员就容易将团队目标与个人目标紧密结合起来。当团队成员明确了自己的行动目标，并把行动与目标不断加以对照，知道自己前进的速度并不断缩小达到目标的距离时，团队成员行动的积极性就能持续。新建本科院校科研创新团队在设计团队目标时应注意：目标必须是成员经过努力可以实现的；目标实现后必须有相应的报酬配合；目标应明确，团队成员应参与团队目标的设计；目标要符合组织的共同愿望；目标应易于考核和评估；目标应具有挑战性，对团队成员具有潜在的价值和意义；团队目标的设置应尽量与团队成员个人目标相一致，团队目标的设置要符合团队成员个人发展的需求。

三、建立报酬激励、成就激励、机会激励三位一体的激励体系

从科研创新团队激励机制的运行状况来看，还存在一些问题：一是从激励的内容与目标来看，目前很多新建本科院校科研管理部门制定和实施科研激励机制时根据量化指标运行，重视科研创新团队的产出成果，忽视工作过程各个环节的考核和激励，包括科研创新团队的工作面貌、工作精神、工作内容等方面都有考核和激励不到位的情况。这在很大程度上可能引发科研创新造假。二是从激励的方式和模式来看，目前我国新建本科院校对科研创新团队的激励基本都是物质奖励，对其精神激励模式和方式采取不够。一些新建本科院校由于经费有限，不仅对科研创新团队的物质奖励不足，精神奖励也没有及时跟上。这些均表明目前我国新建本科院校对科研创新团队采取的激励方式还不是很成熟，精神奖励与物质奖励结合处理得不够好。三是从激励的要素构成来看，目前新建本科院校在科研创新团队的激励要素设计上还存在一些问题，往往重视对科研创新团队的管理和考核，对科

研创新团队的服务工作做得不够好。同时，一些新建本科院校注重惩罚式的负激励，而不重视奖励式的正激励机制建设；一些新建本科院校重视正激励，而忽视负激励。此外，新建本科院校科研创新团队内部的激励机制不健全，执行力不够；学校层面的外部激励机制也不完善。四是从激励的透明度和公平来看，目前各新建本科院校对科研创新团队建设发展有一套自己的激励机制，不过总体来看这些激励机制在执行过程中，由于各种原因，公开、公平、透明度还不完善，有待进一步优化。这些问题都严重影响了新建本科院校科研创新团队的积极性和主动性。

总体而言，目前新建本科院校科研创新团队的激励机制是低效的。关键问题是没有充分考虑到团队的特性，以往的激励机制大多是针对个体的，研究如何实现个体创造力的最大化，如何培养个体的竞争意识。而针对团队的激励机制更加复杂，团队激励要在个体激励的基础上聚焦于培养个体的合作意识，探索如何激励团队成员共同努力，以整合出高于个体智慧的团队智慧。

因此，科研创新团队的激励受多种因素影响，应注重将管理与服务相结合、考核与激励相结合、精神激励与物质激励相结合、自我激励与外部激励相结合，建立适应科研人员创新性工作特点的绩效考核制度和自主性特点的监督与管理制度，多管齐下，综合安排，实现有效激励。科研人员在关注物质激励的同时也关注非物质报酬（如图 6-2 所示），如来自团队负责人的尊重、理解、各种奖励、参加培训及学术会议的机会等，这甚至被看成是更加重要的"报酬"。

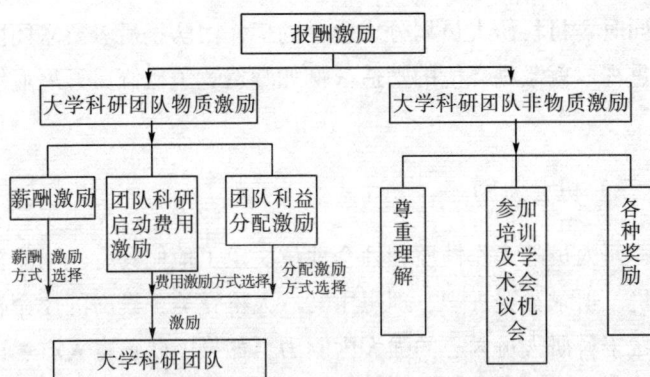

图 6-2 科研创新团队的报酬激励

（一）报酬激励

首先，团队负责人应根据团队受到组织奖励的总数，按照团队成员在研究中做出的实际贡献，给予每个成员适当比例的奖酬，以达到物质激励的效果。奖酬分配要客观、合理，避免平均化，根据实际贡献大小，区别个人在团队中的工作表现、特殊贡献等，从而起到物质激励的作用，否则激励的效果会产生负面影响。其次，对于团队新成员，可根据实际情况给予一定的科研启动经费，以便新成员能够购买科研基本设施、设备，尽快开展科研工作。团队科研启动费可以有效激励科研创新团队招聘到合适的科研人员，配备先进的科研设备，进行科研创新，开创该团队新的科研局面。

（二）成就激励

强烈的成就需要科研人员强大的行为内驱力。虽然成就需要的满足主要靠内在满足渠道，但是其满足程度却受两个因素的影响：在工作成果中个人贡献的体验和将工作成果与别人比较获得的优势体验。前者要求团队负责人给予科研人员较大的工作自主权，同时，将科研人员划分成较小的工作团队；后者要求团队负责人重视成就激励环境的塑造，例如塑造竞争机制、开展业绩竞赛等。

（三）机会激励

科研人员的工作性质和社会地位决定了他们具有较强的社会化动机。追求社会进步、理想主义、人格完美、崇高的使命感成为潜藏于科研人员内心的强大内驱力。如果团队负责人有意识地加以引导，利用团队精神、团队理念去整合，就能够使科研人员的这种文化内驱力指向团队目标，从而形成巨大的动力。

四、建立科学有效的互动学习机制

新建本科院校科研创新团队激励的实现需要建立和完善学习机制，一方面通过共同学习环境的营造，为最大限度实现团队的知识技术交流创造条件；另一方面，通过提高个人和团队的知识水平和认知能力，为技术知识存量的激活创造条件。一个有效的学习机制中的关键因素主要包括相互学习的氛围，系统思想、知识的获取、转移和创造，共享心智模式的表现和检验，学习关系和合作学习的结构。① 学习机制的建立有助于增进知识接受方的动机水平，在建立相关知识基础的前提下提升其知识吸收能力。

五、培育知识共享团队文化

团队文化的作用有如电场对电子的作用，它使整个团队成员朝着统一目标努力，因此，科研创新团队不能忽视团队文化的建

---

① 林莉：《知识联盟中知识转移的障碍因素及应对策略分析》，载《科技导报》，2004 年第 4 期，第 29~32 页。

设。首先，科研创新团队应以人为本，建立平等的"学术对话"平台。任何人的知识都是有限的，没有绝对的知识权威，成员间需进行充分的知识共享。其次，科研创新团队让成员了解彼此文化差异的状况以及可能带来的相应问题，使成员接受和认同他人的文化背景、行为习惯、思维方式等，以减少因不同文化带来的冲突。再次，在尊重成员个体文化背景的基础上，形成与整体目标一致的团队文化。最后，缔结心理契约，凝聚团队成员。科研创新团队是一个以心理契约为原则的集体，缔结与履行心理契约可以提高团队成员对团队目标的实现率。心理契约的履行使成员对工作产生高度的信任和满意感，从而激发出他们更强的创新动力。团队带头人应该在团队中营造一种知识共享、宽松的团队氛围，鼓励质疑，鼓励学术思想的碰撞和交融，鼓励团队发出不同声音，营造平等、宽松的团队文化。

第七章　科研创新团队改革

高校科研创新团队建设已走过一段探索之路，虽然取得了一定成绩，但尚存在不足。如一些团队拼凑现象严重，学科交叉不够，难以达到高水平创新团队的要求；团队人员结构不合理，凝聚力不强；单打独斗现象严重；未建立一套完善的管理制度，考评机制、激励机制不健全；团队文化建设环节薄弱，与外部互动不够等。[①] 新建本科院校由于办学实力有限，科研创新团队建设还处于起步阶段，特别是科研创新团队建设，几乎是刚刚成立，其发展大多沿用或参考一般意义上科研创新团队的做法，缺乏自我定位，建设思路不明晰，成效不显著。鉴于此，新建本科院校科研创新团队建设应大胆探索，借鉴和参考一般意义上科研创新团队的做法，大胆改革、创新模式，才能更好地发挥创新团队的作用，达到预期的创新目的。本章立足新建本科院校科研创新团队建设实际，针对存在的问题，探索行之有效的改革措施，为创新团队建设指明方向。

---

① 廖佚：《我国高校创新团队管理问题及对策研究》，长沙：国防科学技术大学学位论文，2012年，第25页。

第一节 模式改革——协同创新

在某种程度上讲，结构决定功能。就创新团队来说，组织模式决定创新的功能与效果。目前，由于我国一些高校科研创新团队还处于初创阶段，缺乏经验与创新，所以高校之间互相借鉴、模仿，导致科研创新团队的结构模式趋同化，新建本科院校尤其明显。新建本科院校科研创新团队在组织模式及相关的人力资源方面还有一些不够成熟之处，需加强改革与不断完善，以充分发挥团队协同创新的目的。

一、组织模式存在的问题及解决措施

新建本科院校科研创新团队在组织模式方面存在一些与创新功能不相适应的问题，需要进一步解决以增进协同创新。

（一）存在的问题

1. 学科结构趋同，学科交叉不足

新建本科院校科研创新团队大都采取相同或相近学科的联结方式组成。在组建创新团队时，大都考虑了学历结构、年龄结构与职称结构，常忽略血缘结构的多样性，认为"专业相近"才能"志同道合"，也才"便于组织与分工合作""便于协调"。但是，从创新团队的宗旨来看，学术创新不仅需要学科相同或相近的成员，更需要学科交叉成员的协同创新。因为，血缘结构相近的成员存在知识结构相似、思维模式相近等状况，容易产生社会惰化以及"搭便车"等相关问题。社会惰化是指个人与群体其他成员一起完成某件事情时，往往个人所付出的努力比单独时偏少，不如单干时出力多，个人的活动积极性与效率逐步下滑。此时，团队合作的交易成本也会随之增加。"搭便车"问题是由于相关制度设计中贡献率与报酬不匹配，或其他激励措施不到位，造成某些成员出现坐享他人劳动成果的机会主义倾向，也会导致团队整体工作效率低甚至无产出。创新团队中社会惰化和"搭便车"问题的存在，使团队目标认同度降低或投入精力不够，导致团队成员的承诺度下降，或是认同团队目标，从而大大影响团队目标和任务的实现。

2. 团队组织松散，结构不够稳定

新建本科院校科研创新团队往往在建立之初就缺乏明确的目标任务，组织结构松散。成员之间缺乏必要的学术交流，只在项目申报或是迎检时，才将各自的成果收集起来，打包组成一个团队，项目申报结束或者迎检结束，成员又回到各自的状态，日常性合作不够，团队分工不明确，凝聚力不强，缺乏必要的联系与配合。这必然导致团队成果往往缺乏系统性、衔接性，难以具有创新性。这样的团队呈现出以下特征：一是运行周期短，缺乏组织力。团队缺乏必要的成员遴选机制和退出机制，团队建设流于形式，成员之间"各自为政"，流动性大，由此导致团队成果散乱，创新性与实用性不足。二是职责不明，合作意识差。由于运行周期短、团队缺乏相应的成熟机制，导致团队成员之间岗位职责不清晰，成员之间缺少沟通，合作意向匮乏。三是无长效机制。团队建设缺乏必要的约束机制和长效机制，导致团队结构不稳定，团队随研究任务的存在而产生、随研究任务的消失而解散，不能稳定地开展研究，研究成果缺乏系统性与创新性。

3. 团队形式单一，综合创新不强

新建本科院校科研创新团队往往在学科相近成员中产生，排斥其他学科成员，具有单一团队特征。单一团队大致分为三种：一是单学科团队，二是单部门团队，三是单平台团队。在原有学科基础上组建的团队为单学科团队，一般是学科纵向发展及深化的结果，成员基本来自相同或较为相近的研究领域。这种团队不利于学科间的交叉与拓展，也不利于学术创新。在原有院系、部门基础上组建起来的团队为单部门团队，一般情况下是由高校学术组织的行政壁垒和人才结构壁垒形成的。以实验室、研究中心、工程技术中心为载体组建起来的团队为单平台团队，这种团队较上述单学科团队和单部门团队具有创新优势，主要是对原有机构进行整合，虽然能在一定程度上促进同学科不同分支间，甚至不同学科的融合，但还是未能拓宽研究领域，交叉学科研究基地少的情况没有得到根本性改观，各个学科的科研组织之间独立搞研究的情况仍然存在，资源共享和互动仍不太多，没有从根本上推动跨学科创新团队的发展。单一团队中学科交叉少，比如文、理、工的大交叉更是缺乏，无法把控国际科技学术前沿。一般来讲，单一团队综合创新能力差，难以承担大项目、大任务，单一团队只能承担对学科结合要求不高的科研项目，无法创造出大的成果。

（二）改革的措施

1. 科学规划团队目标，形成明确创新导向

方向问题是任何事物发展的根本问题，也是解决创新团队管理所有问题的基础。目前科研创新团队之所以存在一些问题，根本的原因在于创新团队的整体规划不足，团队发展目标不明。创新团队只有改进目标管理，明确目标，才能为解决创新团队其他问题创造基础条件，使创新团队形成明确的目标导向，促进创新团队朝着科学、合理、规范的方向发展。这需要对以下几个与创新团队顶层设计有关的核心要素进行分析。

（1）宗旨使命。宗旨使命即最根本的价值观、价值导向和价值原则，具有统领性。宗旨使命主要描述的是团队的生存意义，即解决"团队为什么存在"的问题。它代表着团队的性质，是其

"思想灵魂"与"精神支柱"。

（2）指导原则。创新团队目标方向的设定有其内在的总体要求，即清晰、明确、实事求是、达成共识。相应的必须坚持五个原则：看大局抓重点、立当前着长远、可持续发展、稳中求进与总结中成长。

（3）远景规划。明确的远景规划是制定战略的前提。团队远景规划的制定首先要分析团队的优势、劣势、竞争对手的长处和短处、机会方向、市场状况等，同时还要考虑到团队成员的自信心；然后基于分析的结果给出一个明确的规划，在未来的三五年或是更长时间，团队将要达到什么样的状态，并描绘出远景。

（4）近期目标。近期目标是指在团队发展的每一个阶段，给自己设置的一个可以接受的、具体的、具有一定困难的目标，也是实现远大宏图的阶段性目标。它的制定，不仅对实现长远目标起到积极作用，而且能够指导日常科研工作。近期目标的制定不仅要符合团队内部资源状况，还要促进近期目标的量化。只有量化了的目标才能够进行有效的考核，也才能够清楚团队运行过程中各个目标完成的具体情况。

（5）行动策略。当团队的目标方向确定后，就应制定行动策略，否则，目标方向就会成为空中楼阁。一个团队的行动必须有策略的指导，否则就会迷失方向。一旦确定了团队的共同目标后，就要对共同目标进行阶段性的分解，树立一些里程碑式的目标。这样既可以使团队成员感受到每一次进步的惊喜，还可以增强团队成员的成就感，为完成团队的共同目标奠定坚实的信心基础。

2. 打破学科之间的藩篱，促进团队跨学科协同创新

创新能力是创新团队发展的力量源泉和意义所在，创新能力的高低不仅直接反映创新团队的水平，更决定该团队的学术级别与社会地位。整体而言，目前新建本科院校科研创新团队的创新

能力较为薄弱，究其原因，是因为在现行体制下，团队成员和各种内部组织关系都从属于不同学院，院系制的明确划分阻碍了科研创新团队跨院系、跨学科的组合，导致大部分创新团队都倾向于"闭门造车"，无形中便造成了学科、院系之间互相封闭局面。相应的，创新团队成员在进行科研工作时获得其他学科的专业信息则变得困难重重，不仅违背了资源共享的科研理念，给不同学科团队成员的学术交流和知识融合设置了阻碍，也断绝了不同创新团队之间人员的自由搭配和合理流动，很大程度上阻碍了跨学科科研创新团队的建设。

根据协同创新的特点与动因，要进行协同创新，首先要打破各个学科间的屏障。由于各学科的外延在不断扩大，它们之间的藩篱会逐渐模糊，突破围墙、学科交叉将有利于新的科学发现。实践证明，交叉运用多种学科的理论和方法，推动学科交叉融合，促进思维相互碰撞，可以有效促进跨学科协同创新。因此，创新团队亟须打破学科间屏障，积极推进"优化—集约—交叉—拓展"的学科整合，形成"单一学科—跨学科—学科群"的发展模式。同时，创新团队要以更广阔的视野，站在更高的高度，将目光投入学科边缘和交叉地带，充分利用多学科研究方法，找到更多的创新基点。新建本科院校科研创新团队建设要从团队自身建设入手，不仅慎重对待团队带头人的遴选，也要加强对创新团队成员的遴选，以创新团队的任务为导向，结合学科性质与特点，多角度、多维度地考虑团队建设的思路，体现学科交叉，体现团队的血缘结构、年龄结构、职称结构和学历结构，将创新团队建设成为多元的、立体的、网络化的创新型组织。

3. 合理设计团队结构，促进团队协同创新

创新团队要在学科交叉的基础上，优化团队结构，形成强大创新实力，促进团队成员协同创新。协同创新作为一种管理创新，是解决科研创新实体间彼此封闭和科技资源分散的重要手

段。根据协同创新理论，协同创新有整体性和动态性两大特点。整体性是指创新型组织作为一个整体融入创新活动的过程，体现的是创新的整体性、互补性和系统性。动态性是指创新团队与时俱进，跟踪学术前沿最新趋势，瞄准学术最新发展，在此基础上实现创新。新建本科院校科研创新团队要实现协同创新，除了在优化团队结构方面加以改革创新，还应构建基于学科交叉与良好结构的网络组织。创新网络组织的结构是由复杂的知识交流、互赖关系和资源流动所构成的开放性系统；网络中的各个节点通过正式和非正式的契约、信息流和社会关系等合作交流，逐步提高协同创新的能力。这种网络组织具有开放性、动态性、多节点、协同趋向等特性，在"共享"和"协调"目标以及松散、灵活的组织文化理念的支持下，共同处理组织事务，维持组织的运转，在互惠、互信、学习、伙伴关系、分权等方面加强联系。网络组织具有显著的协同效应，并在能力互补、降低交易费用、扩大知识信息交流等方面具有巨大优势。

二、人力资源管理模式存在的问题及对策

新建本科院校科研创新团队人力资源管理还处于探索时期，主要还是以实验室、教研室为主的管理模式，缺乏针对创新团队自身特点的团队人力资源管理模式。新建本科院校科研创新团队人力资源管理中主要存在以下几个方面的问题，迫切需要改革，以实现团队创新的目的。

（一）存在的问题

1. 领军人物缺乏，学术引领不够

新建本科院校本身缺乏高端人才，创新团队由于目标任务不够远大，对未来的远景规划不够，很难吸引高层次的学科领军人物，团队内部缺乏顶级人才和优秀的学科带头人。创新团队内部

的团结性、凝聚力和协作性不强，导致起点相对较低，学术引领不够，因此，团队很难有较大的成果产出。

2. 目标导向不明，学术创新困难

一些新建本科院校科研创新团队为了提高自身的影响力，将工作重心放在申请省级以上科研项目和研究经费上，不断去争取更多项目、申请新的课题，以便获得更多的外部资源、外部支持来促进团队发展，造成精力分配内外不均、目标导向不明，以至于出现内部建设管理松懈现象，缺乏踏踏实实做研究的氛围，难以出现创新型成果。这样的团队工作思路迷失了研究目标和研究方向，与创新团队的宗旨背道而驰。

3. 人才流失严重，学术梯度断层

一些新建本科院校科研创新团队人才流失严重，这种流失现象在一些条件稍差的大学中形成"多米诺效应"，加剧了学科结构的不平衡，造成学术梯队紊乱。而部分中青年骨干成员由于内外兼职过多，不仅影响了教学、科研工作，也影响了本单位的学科梯队建设。

（二）对策及措施

1. 完善学术领军人才的遴选，加强对团队的学术引领

完善学术领军人才的遴选与管理，着重考察其以下能力。

（1）战略规划能力。学术领军人物在团队的战略规划方面要具有以下能力：一是要具有战略眼光，把握学科发展总体趋势，弄清团队前沿性的领域；二是具有创新的思想，科学制定本团队的发展规划，为创新团队指出成长方向，提升发展空间。

（2）组织协调能力。学术领军人物能够充分整合学术资源，落实必备的实验条件，组织科学合理的科研队伍，按照成员特点进行分工；做好人、财、物的统一协调和使用，发挥最大效益；能够较好地激励团队成员，统筹学术活动，营造浓厚的学术气

氛；定期检查目标落实情况，提出详细的指导意见。

（3）学术研究能力。学术领军人物在学术研究方面造诣精深，知识底蕴深厚，学术洞察力敏锐，能发现潜在的、有价值的新的学术研究方向，以决定创新团队的战略和策略选择，影响团队的发展方向。

（4）合作交流能力。学术领军人物具有良好的国内外学术交流能力，加强各学科的融合，与国内外同行取长补短；能够协调建立良好的人际关系，保持与政府、企业、其他创新团体等各方面的沟通和合作。

2. 改革组织结构，稳定研究力量

针对团队结构不稳定和人员分工不明的情况，创新团队宜采用"扁平式"组织结构形式，以减少管理层面和快速应对外部变化。这种扁平的组织结构应具备以下特征。

（1）差异性、层次性。

就学术而言，创新团队自上而下依次是团队负责人—团队学术骨干—团队一般学术人员。负责人也就是带头人，学术层次高，学术头衔多，学术能力最强；团队学术骨干是团队的中坚力量，具有较强的学术功底和研究经历，是创新的主要力量；团队一般人员包括博士研究生、硕士研究生等，学术经验尚需积累，是团队的辅助力量。就年龄而言，创新团队应该是老、中、青三结合，传帮带相传承，年长者有经验，中年人有积累，年轻人有激情和灵感，最有利于团队保持新陈代谢和持续发展。

（2）互补性、协作性。

由于团队存在差异性、层次性，要创新，就必须具备互补性、协作性。一是技能互补与协作。团队成员需要在学科上有一定交叉，这对于形成新的学术思路、研究方法，以及提出创新性的研究课题，都将大有益处。二是学术互补与协作。团队成员应分别在不同的大学和不同的专业进行学习研究，能把新的学术观点、学术风格等带进团队，从而实现相互交流、融合。三是阶段互补与协作。带头人等年纪较长的研究者学术经验丰富，学术能力强，年轻的研究者特别是博士、硕士研究生等学术思想活跃，两者可互补协作。四是人文互补与协作。非智力因素间接决定着团队合作是否融洽、学术目标能否实现，因此，协调成员的年龄、爱好，营造良好的人文环境至关重要。

3. 引进与培养相结合，充分整合人力资源的创新优势

新建本科院校科研创新团队由于比较缺乏高端人才，为了加强学术创新，在自我培养难以短期见效的情况下，引进人才不失为快速提高创新团队实力的一个好办法。根据创新团队的目标任务和现实需要，结合学校人事实际政策，从校内外适当引进有相当知名度和发展潜力的知名学者、急需的高层次人才，可以有效促进团队的创新与研究工作的顺利开展，有利于学术创新成果的产出，也有利于带动大批年轻人较快融入研究工作，在较短的时间学习到研究工作的思路与方法，最终促进团队共同发展。在引进高端人才的同时，要创造机会大力培养学术带头人、学术中坚和学术骨干。一是因为引进的高端带头人不可能长久参与创新团队的工作，聘期结束可能就回归原来的岗位，所以团队成员应该抓住有利时机加快交流与学习，取长补短，发展自身；二是团队需要不断推陈出新，在学校里和团队内部创造出适宜人才成长的环境，推动现有高层次人才自我超越，不断使各类人才得到较好的锻炼与成长，这样既切合学校实际，也有利于自主创新与长期发展。

第二节　评价改革——重在激励

机制是组织的保障，也是组织高效运行的关键。新建本科院

校科研创新团队要想实现预期目标、加强学术创新，就必须构建适应团队发展的良好运行机制。创新团队是由高层次人才构成的，团队成员具有较高的思想素质和专业素质，在对这样一个群体成员进行管理的时候，激励是最有效的一个因素。因此，在创新团队机制的构建中，最核心的是构建高效的激励机制。目前，新建本科院校科研创新团队在激励团队创新方面还存在一些问题，这在本书第五章已有相关论述。本节继续探讨激励机制问题，目的在于进一步明确激励机制改革的若干问题，以激励机制的改革推动团队顺利运行，推进学术创新与学术繁荣。

一、激励机制的问题

目前，新建本科院校科研创新团队在激励机制建设上存在一些问题和缺陷，激励的作用还没有得到有效发挥。比如，团队对于成员没有充分授权，成员屈从于命令服从式的工作安排，积极性与主动性难以发挥；注重物质奖励，相对淡化精神激励等。从根本上说，新建本科院校科研创新团队激励机制存在的最大问题是绩效评价量化简单，且以此为基础构建的激励机制不科学，激励措施与各种激励理论，包括内容型激励理论、过程型激励理论和行为修正型激励理论等三大类别中的各种激励观点不相符合，因此，造成效果不明显。①

（一）重结果，轻过程

一般来说，不管是科研整体考核，还是对创新团队业绩的考核，都比较注重结果。比如，一些高校为了鼓励教师多申请项目，规定只要项目立项就赋予一定分值，这就导致教师只追求项

---

① 廖佚：《我国高校创新团队管理问题及对策研究》，长沙：国防科学技术大学学位论文，2012年，第33页。

目数量，而较少关心完成的质量，导致一些项目不能按时完成或完成质量不高。部分项目研究成果的学术价值及经济社会效益不高，影响了国家整体的学术创新水平和科技竞争力。

（二）重组建，轻监控

新建本科院校科研创新团队的管理和其他高校在创新团队管理中的做法一样，注重在团队组建或给予支持时组织实施选拔性评价，很少对其运行情况进行过程管理、追踪评价，常常是开头热、往后冷，初建时大张旗鼓、热热闹闹，各方重视，积极进行工作，运行中放任自流，绩效无人监控，导致团队持续发展能力不足。

（三）重贡献，轻方法

创新团队的考评体系常用两种考评办法：一是针对团队成员在科研方面的贡献大小来量化，但科研成果不仅有量化的指标，也有质化的指标，只按量化指标加以衡量科研贡献的大小往往有失偏颇，会引起成员的不满；二是考核实行平均主义，干多干少一个样，这会挫败实际贡献比较大的成员的积极性，导致团队整体的创新效率不高。

二、建立绩效评价体系

激励的核心在于评价，评价贯穿于激励的全过程。科学合理的评价体系是完善激励机制的基础。评价直接关系到科技资源的高效、合理的使用与配置，关系到科研机构、科研人员能否合理地处于应有的社会层次之中。因此，针对以上科研创新团队激励机制存在的问题，建立科学合理的绩效评价体系，是新建本科院校科研创新团队建设面临的关键环节和主要任务。

（一）绩效评价的内涵及绩效评价的指标

管理学理论认为，管理绩效评价是管理者运用一定的指标体系对组织的整体运营效果做出的概括性评价。管理绩效评价不仅是对过去管理工作的检验和总结，而且是发现问题、解决问题的前提，是为了更好地提高管理的效率以及组织的生产效率。[①] 一般而言，绩效管理包括绩效计划、绩效沟通、数据分析、绩效评估，是一个包括绩效评估在内的综合性体系。绩效计划是绩效管理过程的起点。绩效沟通是一个双方追踪进展情况、消除影响绩效障碍，以及使双方得到所需信息的过程。数据分析是一种有组织的系统收集有关绩效方面信息的方法。绩效评估是按照确定的评估指标，考核科研创新团队实际完成绩效情况的过程，是绩效管理的基础工程，是推动管理的约束机制，可以调适新的目标导向和凸显绩效管理的价值取向。[②]

绩效评价指标是用来衡量组织绩效的标准，它包括效益型指标、效率型指标、递延型指标和创新型指标。效益型指标是用以判断科研创新团队最直接产出成果的价值，包括成果的经济效益和社会效益等内容。效率型指标是指高校科研创新团队为获得其效益型指标所付出的成本，包括人员投入与工作量、研究成果与经费投入等内容。递延型指标是指该创新团队运作对团队未来影响的程度，以及对创新团队成员未来发展的影响程度。创新型指标用来评判创新团队在获得国家发明奖、发明专利授权及原创性基础研究项目等方面的技术创新。

---

① 芮明杰：《管理学：现代的观点》，上海：上海人民出版社，2005 年版。
② 丁荣贵、杨乃定：《项目组织与团队》，北京：机械工业出版社，2005 年版。

（二）绩效评价的机制及绩效评价的方法

绩效评价机制是对组织或个人进行合理目标的设定，构建行之有效的激励约束机制，员工向着正确的方向努力，进而提高组织和个人的绩效；通过定期有效的绩效评估，肯定成绩，指出不足，并进行奖励与约束。这样的激励机制促使员工提高能力素质，改进工作方法，从而达到更高的个人绩效水平和组织绩效水平。对创新团队成员的绩效评价是创新团队绩效考核的核心任务。根据新建本科院校科研创新团队成员的特点，结合上述创新团队绩效评价中存在的实际问题，对创新团队成员进行绩效评价，可参考绩效考核法和角色考核法。[①]

1. 绩效考核法

该考核法是对团队所有成员制定统一的绩效考核指标，包括基本情况和创新情况两项指标。基本情况包括个人科研情况和团队合作情况，创新情况包括科研创新情况以及对他人的科研启发和影响情况。通过个人填写，专家评审、团队带头人和团队其他成员打分的方式，对团队成员进行绩效考核。表 7-1 "基本情况"项目中的"个人科研"栏得分由个人填写，成员的直接负责人确认；"团队合作"栏得分则由团队中其他成员的平均赋分得出，然后根据"个人科研"得分和"团队合作"得分计算出基本情况得分。"创新情况"项目中的"科研创新"栏得分由团队专家评审组评议得分，"对他人启发"栏得分由团队中其他成员的平均赋分得出，然后以两者平均分得出创新等级。综合以上全部得分，最后得出综合等级。

---

① 廖佚：《我国高校创新团队管理问题及对策研究》，长沙：国防科学技术大学学位论文，2012 年，第 45 页。

表 7-1　创新团队绩效考核表

项目 / 成员	基本情况		考察等级	创新情况		创新等级	综合等级
	个人科研	团队合作		科研创新	对他人启发		
甲			A：90 分以上 B：80 分以上 C：60 分以上 D：60 分以下			A：90 分以上 B：80 分以上 C：60 分以上 D：60 分以下	
乙							
丙							
丁							

2. 角色考核法

该考核法是以上述绩效为依据，根据不同成员的角色制定相应的绩效考核表，定期对团队成员的工作情况进行考核（见表7-2、表7-3）。团队成员角色可分为核心性人才和独特性人才、辅助性人才和一般性人才。核心性人才、独特性人才绩效考核表主要包括科研完成情况、科研创新情况、对团队的引领、科研合作情况四个维度。辅助性人才、一般性人才绩效考核表主要包括科研完成情况、科研创新情况、科研合作、成员评价四个维度。这两类评估表通过个人填写、专家评审、团队带头人和团队其他成员打分的方式划分级别，最后根据不同项目的权重计算出该成员的最终绩效级别。权重是指对考核指标进行纵向比较，然后根据每个指标的重要性，把总的"1"分配到各个指标，借以表现该指标在总体中的重要性，其中权重的比例根据各团队的具体要求自行设定。对于核心性人才和独特性人才、辅助性人才和一般性人才的分值权重，各高校、各创新团队可根据具体情况自行设定。

表 7-2　核心性人才、独特性人才绩效考核表

指标	完成指标情况				实际得分	权重
	81~100 分	61~80 分	41~60 分	21~40 分		
科研完成情况	完成 90% 以上	完成 80% 以上	完成 70% 以上	完成 60% 以下		
科研创新情况	科研任务创新性突出，科研成果在权威刊物上发表或具较大影响力	科研任务创新性较强，科研成果在著名刊物上发表或具有一定的影响力	科研任务创新性一般，科研成果在一般刊物上发表或具有一定的影响力	科研任务创新性较差		
对团队的引领	对他人有过较大的影响或启发，对他人的科研创新起到重要作用	对他人有过一定的影响或启发，对他人的科研创新起到一定作用	对他人有过影响或启发，但对他人的科研创新作用不是很大	对他人没有什么影响或是启发		
科研合作情况	团队合作意识很强，注重成员之间的配合和帮助	团队合作意识较强，比较注重成员之间的配合和帮助	团队合作意识一般，成员之间的配合处于被动状态	缺乏团队合作意识		
总分						

表7-3　辅助性人才、一般性人才绩效考核表

指标	完成指标情况				实际得分	权重
	81~100分	61~80分	41~60分	21~40分		
科研完成情况	完成90%以上	完成80%以上	完成70%以上	完成60%以下		
科研创新情况	有较大科研创新，对他人有过较大的影响或启发，对他人的科研创新起到重要作用	有一定创新，对他人有过一定的影响或启发，对他人的科研创新起到一定作用	有一定创新，对他人有过影响或启发，但对他人的科研创新作用不是很大	没有创新，对他人没有什么影响或启发		
科研合作情况	团队合作意识很强，注重成员之间的配合和帮助	团队合作意识较强，比较注重成员之间的配合和帮助	团队合作意识一般，成员之间的配合处于被动状态	缺乏团队合作意识		
成员评价	为其他成员提供了优质的服务	为其他成员提供了良好的服务	为其他成员提供的服务一般	为其他成员提供的服务较差		
总分						

第三节　制度改革——学术治理

相比实践探索而言，新建本科院校科研创新团队的制度建设相对滞后，不能很好地保障科研创新团队正常有序地运行。新建本科院校科研创新团队在制度建设方面存在一些不适应学术创新

的问题，需要从学术治理的角度加以改革与完善，以实现创新团队学术创新的宗旨和目标。

一、制度建设的不足

新建本科院校在成立科研创新团队后，沿用所在学校的规章制度和管理方式，将创新团队看成学校的一个普通的小型组织来管理，并没有及时建立与之适应的管理制度体系。而这些沿用的管理制度，不利于合作研究和团队创新，亟待加以改进。

（一）制度建设缺乏针对性、系统性

科研创新团队是一种新鲜事物，需要根据其特点与规律加以建设与规范。然而很多新建本科院校在成立科研创新团队的时候鲜有全面系统的调研，对创新团队的特点与规律把握不到位，简单移植学校科研管理的制度用于创新团队的管理，在管理效果上难以发挥有效作用。由此导致的主要问题有两个：一是制度建设不完善。在科研创新团队建设的一系列环节上缺乏制度规范，如科研创新团队的成立条件、结构布局、评估评价体系、资金使用、创新路径、成果应用等。由于在这些关键环节缺乏制度性规范，一些科研创新团队建设失去了作为学术创新组织应有的作用，缺乏有针对性的制度支撑。二是对不同类型的科研创新团队的管理混为一体。科研创新团队有很多类型，仅仅从学科的角度就至少可以分为理工类科技创新团队、哲学社会科学类科研创新团队等，但是在制度建设上，对不同类型的科研创新团队未加区分，统一使用一套管理制度。这显然不利于各类科研创新团队的日常管理，也不利于科研创新团队的学术创新。

（二）负责人管理制度建设不足，创新团队组织松散

一些新建本科院校的科研创新团队管理存在负责人管理制度

缺位的情况。一些创新团队负责人为学校的行政领导。高校行政领导作为团队负责人，因忙于日常行政事务，对创新团队的日常跟踪管理不够，或者采取行政化的管理方式管理团队。有些团队负责人作为专业领域的专家，本身缺少管理经验，组织协调能力不够，在团队成员的选择、培训、任务分配、激励制度等方面缺乏经验，团队人员配置不合理，合作精神差，缺乏相互协作、支持。此外，科研创新团队建设中缺乏对负责人管理的考核制度，将主要精力放在赢得足够的外部资源和争取到更多的科研项目上，对于团队成员之间的学科差异、工作进度、成果分享等团队的内部管理问题却重视不足，严重影响科研工作的顺利开展。

（三）行政权力与学术权力制衡，影响了制度创新的环境

行政权力与学术权力之间互相制衡的问题一直存在于一些高校中，在科研创新团队的管理中同样存在学术权力与行政权力的矛盾，存在行政化过于严重的倾向，以行政权力代替学术权力，并且这些因素严重影响了制度创新、改革的环境。一是学校科研管理部门赋予创新团队负责人的学术权力不足，科研创新团队负责人难以行使学术权力；二是科研创新团队负责人按照行政管理模式管理团队，不能很好地利用学术权力，团队成员受制于行政干预，影响了团队内外制度的改革与创新，这在很大程度上限制了创新团队的运行与发展。

二、制度建设与创新

科研创新团队虽然在某种程度上是自我导向型的组织模式，但是也需要制度的规范与约束。针对以上制度建设方面的问题，结合新建本科院校实际，科研创新团队应在制度建设上加以改革创新，从科研项目管理、科研经费管理、组织模式管理、科研人才管理等方面对创新团队加以保护和规范。

（一）组织制度改革

创新团队的跨学科性要求成员来自不同的组织，能带动相关研究资源的流动，而大学这种相对隔离型组织框架会阻碍人员和资源的流动，因此，创新团队的跨学科特性与大学隔离型组织框架之间存在矛盾。在实际运作过程中，新建本科院校科研创新团队必须依托某个组织机构，如院、系、研究所、实验室等，然后在此基础上寻求与其他组织机构进行合作。从制度建设上讲，对科研创新团队应实行类似"特区"的管理模式，在这个研究特区的框架体系内，不仅可以整合研究资源，而且可以打破带有某种阻隔性质的组织框架的束缚和限制，使得研究特区的运行更加通达。在此，需要构建一整套制度体系，将创新团队组织内部与外部的体制约束有机衔接起来，不仅有利于调动创新团队的积极性，促进创新团队学术创新，而且大大降低了管理成本，有利于创新团队的健康有序发展。

（二）人事制度改革

新建本科院校科研创新团队本质上是一种人才组织模式，也面临与大学组织相似的人才招聘与考核模式，具有与高校教师聘任制相关的一些责、权、利问题。但是，新建本科院校科研创新团队组织又具有自身特点和规律，是一种具有更多自主权的组织，其内部成员更加具有自我导向性和合作创新性，科研创新团队的创新不是团队内部成员创新模块的简单相加，而是团队成员之间紧密合作的创新，是"1+1＞2"的整合效应。因此，科研创新团队的人事制度改革应突出两个特征：一是制度的宽容性，即要适应团队成员的自我导向性特征，为团队成员科研创新提供相对宽松的制度环境。比如，考核周期适当延长，允许创新团队短期内不出成果，为创新团队提供更加优越的平台和机会等。二是制度的统整性，即要适应创新团队作为一个整体的规划性，允许科研创新团队结合自身实际对内部事务加以科学合理规划，外部组织应减少对创新团队的过细管理与要求。

（三）经费制度改革

经费使用与管理是创新团队的基础性问题，新建本科院校科研创新团队需要从横向和纵向建立自身的平台系统，如果对经费的使用管得过死，必然会影响创新团队的正常运行。因此，创新团队要针对当前经费使用和管理中出现的问题，根据国家有关规定，结合创新团队实际情况不断完善经费管理制度，加强对项目管理费、人员经费、业务费等支出的管理。一要制定团队经费结账管理办法。项目结束或通过验收后，要向学校管理部门汇报，并及时将已结题课题的有关信息上报财务部门。二要完善校内横向经费管理办法。横向经费的使用要依据科研活动的实际需要，符合有关法规制度的要求。在横向科研活动中，为个人牟取私利、损坏团队声誉或给团队造成经济损失的，必须追究有关责任人的责任，触犯法律的，要追究法律责任。

第四节 文化改革——以人为本

团队文化是团队有效运行的精神动力。一个组织如果文化氛围浓厚，成员容易具有向心力和凝聚力，工作效率也会提高。科研创新团队是一个由高学历、高职称、较高素质的人员构成的研究团体，更需要文化的力量和氛围。目前，一些创新团队并不重视团队文化建设，认为文化建设产生不了直接的效益，致使团队内部缺乏和谐、互助的良好氛围，这与团队文化理论中阐述的科学状态是背道而驰的。新建本科院校科研创新团队在文化建设方面同样存在一系列与创新团队发展不相适应的环节，只有不断改革与完善这些环节，不断提高文化建设的水平，增强凝聚力与创新活力，才能为创新团队的发展插上腾飞的"翅膀"，助力学术创新与团队发展。

一、文化建设的不足

（一）缺乏批判和质疑精神

学术研究应该尊重科学与规律，不崇拜权威，不迷信传统，以学术创新为根本。但是，在社会多种文化思潮与市场经济体制的影响下，一些科研创新团队趋向功利化，以具体的实际任务为量化指标，急于出"成果"，将创新团队建设成为"形象"与"面子"工程，目的是向上级主管部门应付交差。这完全违背了科研创新团队的宗旨和意图，违背了科学研究的规律，由此导致学术研究缺乏批判与质疑精神，疏于文献研究，断章取义，或者人云亦云，互相吹捧，学术研究浮躁，原创性成果缺乏。更有甚者，一些团队成员把科学研究活动当成赚钱的工具和谋生的手段，滋生弄假造假的行为。

（二）各自为政，缺少合作精神

在当今学科交叉、科学日益融合的学术背景下，创新团队只有合作研究，协同创新，才能将创新团队推向高水平。但是，由于管理方面与成员思想意识的原因，创新团队内部存在各自为政、单打独斗的格局，团队作为一个整体进行联合攻关的氛围没有形成，成员之间合作较少，导致团队"1+1＞2"的创新效益难以实现。若团队成员个人意识较强烈，易演变成为以个人为中心，使得团队里应有的团结协作、不畏艰险、共攀高峰的良好氛围日益淡薄。这显然不利于团队的健康运行，也不利于系统化、科学化的创新体系的形成。

（三）缺少感召力、凝聚力、向心力

一些团队负责人由行政领导兼任，或学术兼职较多，无暇顾及团队的管理，团队缺乏共同愿景与系统规划，使得创新团队缺乏学术感召力，团队成员的归属感淡漠；团队成员不能很好地定位自身在团队中的位置，不能发挥自身的作用，有的团队成员专注于自己的课题，分不出精力融入集体，成员之间缺乏交流，滋生以自我为中心的个人主义，无法产生创造性思维，无法进行团队协作，团队整体的凝聚力淡薄；团队成员的个人目标与团队目标存在偏差，团队成员不关心团队的发展，既不为团队建设建言献策，又对其他成员的建议漠不关心，整个创新团队缺乏活力和向心力，缺乏创新意识与能力。

二、文化建设的改革

团队文化是指团队成员在相互合作的过程中，为实现各自的人生价值，并为完成团队共同目标而形成的一种潜意识文化。团队文化是社会文化与团队长期形成的传统文化观念的产物，包含价值观、最高目标、行为准则、管理制度、道德风尚等内容。它以全体成员为工作对象，通过宣传、教育、培训，以及文化娱乐、交心联谊等方式，最大限度地统一成员意志，规范成员行为，凝聚成员力量，为团队总目标服务。

（一）理顺团队文化要素与类别，促进统筹兼顾，协调发展

团队文化由以下几个要素构成：第一是人。人是构成团队的核心力量。第二是共同目标。共同目标为团队成员导航，让团队成员知道要向何处去。第三是定位。团队的定位是要明确团队由谁选择和决定团队的成员，最终应对谁负责，采取什么方式激励

下属等问题。第四是权限。明确团队在组织中及团队内部人员的权限。第五是计划。明确实现目标的计划和步骤①（见表7-4）。

表7-4 团队文化要素表

要素	作用
人	核心力量
共同目标	为团队成员导航
定位	明确谁负责团队及团队对谁负责
权限	明确团队及成员的权限
计划	明确实现目标的步骤

团队文化可分为物质文化、制度文化、精神文化三个层次，分别用三个环环相套的同心圆来表示，即文化的"同心圆结构"。内圆即精神文化，是团队文化的核心，影响和制约着中层的制度文化和外层的物质文化，而制度文化和物质文化同时又折射出精神文化。创新团队物质文化包括实验室布局、实验仪器、团队结构等可直接观察到的反映在团队人、事、物上的各种特征；创新团队制度文化即在团队长期形成的制度规范、行为准则和道德规则，包括团队的目标与规划、人际与沟通、合作与冲突、激励与决策；创新团队精神文化包括团队使命、团队信条、团队士气，精神文化的核心是团队价值观念，团队价值观念是指团队多数成员共享的、长期形成的对人、事、物的基本信念和判断，包括团队价值追求即团队使命、团队价值取向即团队信条。

因此，创新团队的文化建设要统筹兼顾以上要素与类别，适当安排，协调并进，不能片面化、孤立化地看待某一方面、某一

① 廖佚：《我国高校创新团队管理问题及对策研究》，长沙：国防科学技术大学学位论文，2012年，第20页。

环节，要齐抓共管，形成合力，达成共识，培育氛围，最终使之服务于创新团队的可持续发展。

（二）培育团队成员共同的价值追求，促进感召力、凝聚力、向心力

共同的价值追求是团队目标实现的精神动力，也是团队存在的基础。良好的团队精神是共同价值观的核心体现。如果拥有良好的团队精神，成员就能清楚知道团队的目标，理解个人的工作目标与团队工作目标的相互依存性，从团队组织的根本利益出发，处理两种目标之间可能产生的冲突，从而增强团队的凝聚力和向心力。为了实现团队的目标，团队中的每个成员就会凝聚成一个强有力的团体，迸发出巨大的能量。面对困难，具有良好团队精神的团队可以做到泰山压顶不弯腰。这种团队精神主要有以下几点：一是团队利益至上，集体第一；个人第二，集体价值重于个人价值。二是团队利益和个人利益融合为一；没有团队的繁荣就没有个人的幸福，没有个人的努力就没有团队的成功。三是当个人利益与团队利益发生矛盾，个人应做出必要的牺牲来维护团队利益，集体利益才是持久的利益。四是团队的领导人应把自己的利益与团队成员的利益紧紧地结合在一起，使成员感受到领导与自己时刻在一起，这样就会迸发出巨大的创造热情，上下一心做好工作。

（三）培育团队成员创新素养，促进批判与质疑

创新是学术的灵魂，是创新团队的核心任务，也是创新团队的使命所在。一个团队缺乏创新，不能产出创新性成果，那么这个团队就是失败的，也就没有存在的价值。因此，培养团队成员优良的创新素质，对于创新团队整体的发展是至关重要的。创新

素质的培养，一是靠团队成员持续不断的学习。信息化社会，知识更新的速度在加快，不学习就会落后于时代，更难以谈及创新。团队要积极引导、鼓励成员积极参与到团队所组织的学习活动中，充分利用成员的聪明才智组织学习、开展工作，持续发挥好示范作用。二是靠团队成员之间的思想碰撞与学术交流。创新团队要为团队成员之间的交流提供平台，在涉及重大创新、重大成果方面，要发挥学术带头人的领导作用，团队要经过自下而上、自上而下的不断反复交流与碰撞，形成创新合力，形成创新文化。三是靠创新团队负责人的行之有效的学术引领。学术带头人在团队中的作用是关键性的，特别是在创新引领、方法指导、思路形成、研究过程等方面，要给予团队成员切实有效的指导与影响，使每个创新团队成员得到不同程度的提高，不断将自身锻炼成为具有优良的创新素质、创新意识、创新能力的学术型人才。

（四）营造浓郁的合作氛围，促进学术协同创新

团队成员间的沟通与合作是团队创新的基础。在团队中，大力弘扬团队合作精神，营造顾全大局、和谐共进的氛围，便于产生持久的凝聚力，具体措施主要有"有效沟通"与"分工合作"两个方面：

（1）有效沟通。沟通主要包括信息沟通与情感沟通。团队沟通可以按照正式的渠道，如会议、座谈等；也可以利用各种形式的其他沟通渠道，如茶话会、晚宴以及借助信息技术系统与通信网络不定期沟通。另外，知识共享也是一种重要形式，它能让团队成员间的各种显性知识、隐性知识充分呈现，对于思想观念和知识的交流、提高团队绩效具有重要意义。

（2）分工合作。合理的分工能使团队成员从事各自专长的工作，从而有效地提升个人绩效。在分工基础上的有效合作，更利

于合作创新、资源整合，提高团队绩效。分工合作的结果是使大家的智慧和力量都融合在一起，使团队成为所有成员的动机、需求的结合体。当所有成员都忠诚于团队，努力为实现团队目标而奋斗时，团队内部就会产生巨大的协同力，从而使众多的成员紧密团结在一起，聚合成一个真正的高效团队。

（五）营造自由和谐的学术环境，促进团队成员自我创新

学术自由是学者不受外界和内在限制的权利与能力的表征，是学者在追求真理的过程中不受外界不合理因素干扰和影响的一种理念。学术自由需要一种开放、有序、自治的行政管理制度作为保障，具体来说是两个方面：第一，学术自由要作为科研创新团队的生命根基。科研创新团队一方面要鼓励成员追求真理、自由探索，形成浓厚的科学研究氛围；另一方面，要积极引导团队围绕政治、经济、文化等方面的发展需求，进行学术探索，开展科学研究，使创新团队在科教兴国、人才强国中肩负重要使命。第二，科研管理要为学术自由保驾护航。创新团队的科研工作，一是在于引导和鼓励成员自觉、主动地进行学术探索，逐步形成具有权威或特色的学术地位，并以此形成学术上独有的文化氛围。二是科研管理的规章制度，要有利于学术活动的开展。行政权力要在保障、支持学术活动方面发挥更多的作用，给成员创造一个可以自由思考和开展自主研究的空间。

总之，新建本科院校科研创新团队取得了一些成绩，但也存在一些不足和问题，找准这些不足和问题，不断加以改革和完善，是科研创新团队面临的主要任务，对于提升科研创新团队的工作效率和高质量地产出创新成果，具有十分重要的意义。新建本科院校建校历史短，其科研创新团队建设还不成熟，存在一些不足和问题，有的是制度方面的，有的是外部环境的影响，也有的是人为造成的，但都从不同方面影响了创新团队的顺利运行与

科研创新。作为管理者，首先要善于找出问题以及问题产生的原因。根据创新团队的特点和规律，结合学校实际，探索出一些行之有效的解决问题的对策，对于新建本科院校科研创新团队建设是必要的。本章本着以上思路，探索分析了新建本科院校科研创新团队存在的问题，借助相关理论分析了问题产生的原因，在此基础上探索了解决这些问题的办法与措施，为新建本科院校科研创新团队建设提供必要的参照，具有理论创新和实践应用的价值。

第八章 新建本科院校科研创新团队的综合评估

第一节 科研创新团队文化评估

大学是知识传承与创新的场所，也是特定时代社会文化的重要载体。大学教育本身也是文化建构的一个过程，开展大学文化评估是深刻理解大学组织结构、功能等内容的有效方式。特别是对新建本科院校来讲，如何从文化角度来看待科研创新团队的建设，对持续推进学校整体建设有重要的意义。本节主要从内涵与价值、模型与方法对新建本科院校科研创新团队文化评估工作进行剖析。

一、文化评估的内涵与价值

1932 年美国学者华勒（Waller）在《教学社会学》中提出"学校形成的特别文化"就是学校文化，开启了从文化视角审视大学组织建设的大门。20 世纪 70 年代，伯顿·克拉克对高等教育系统内部的学术组织存在的文化成分进行分析，从组织建构的视角审视高等教育的建设与发展。80 年代，大学文化的研究扩散到国内，上海交通大学首次提出建设"校园文化"，国内学者如郑金洲等也对"学校文化"概念进行了一系列的界定。钟启泉在《现代课程论》中将学校文化分为制度文化、教师文化、学生文化和环境文化。赵中建认为，学校文化由内到外形成了包含学校精神文化、学校制度文化、学校行为文化和学校物质文化在内的结构。程红兵在《学校文化建设的路径》中提出，学校文化包括课程文化、组织文化、环境文化、管理文化等，其中课程文化最为重要，处于学校文化的核心地位。众多学者的研究，将文化引入大学内部的深层建设，在学术界掀起了一波大学文化建设研究的热潮。

随着对大学文化议题的不断深入，人们发现要更加深刻和准确地理解大学文化，不仅要研究校园文化、学生文化、班级文化等下位概念，还需向物质文化、制度文化、精神文化等上位概念进发；要从更高位去整体考察大学内部所依赖和浸润的文化要素，才能符合促进学生发展、提高管理水平、加强内涵建设的时代要求。大学文化评估作为衡量一个学校内涵建设的重要手段，也越来越显示出它在学校管理和评估中的地位。众多学者也对大学文化评估提出了自己的观点。

陈耀玲认为学校文化评价就是指在学校文化价值观指导下，运用科学手段，系统全面地收集、整理、处理和分析学校文化相关信息，对学校文化做出价值判断的过程。其重点在于，学校文化建设首先要有鲜明的价值观导向，其次要全面收集整理各类信息，最后作为文化评价应纳入教育评价的范畴。万俊则对大学文化的评估进行了三个层次的切分：一是特定大学文化的内涵和外延，二是大学文化的功能和作用，三是大学文化与办学目标的相关性。他认为，一个大学如果解决好了这三个层次的问题，其大学文化建设就是很有成效的。陈化文也提出对大学文化建设的评估可以从组织领导、师资队伍建设、科研著作、优化环境、管理与保障、教育教学与渗透、教育教学效果评价、小学特色等八个方面来开展。综上，国内学者已然认识到了文化评估对于大学整体建设的重要性，但是具体的路径和方法却各不相同。众多学者观点中涉及学校组织文化建设与评估的内容贴近本章研究的主题，具有参考价值。同时，笔者也在已有研究的基础上，聚焦于新建本科院校科研创新团队这类特殊大学内部的特殊组织的文化评估研究。

（一）内涵解读

新建本科院校科研创新团队文化评估涉及多个关键词的解读。首先，这是针对大学内部组织团队的文化评估，属于高等教育领域内的评估问题。其次，这种评估有它的特殊背景，这种组织团队常存在于特定历史时期和特定大学内部。最后，评估对象是科研组织，重点开展科研创新。由此，这种文化评估的内涵可以概括为新建本科院校这类型高等院校中，评估科研创新团队在组织文化建设、知识创新能力、对外文化辐射等方面所达到的效果。

从文化角度来看，新建本科院校意味着从原有的专科层次晋升为本科，办学方向和培养目标发生了转变，也就是原有文化的指导价值发生了变化。一般来讲，本科层面对学科建设、学术研究的要求要高于专科层面，对组织成员也有更高的教学科研要求。组织目标、人员要求、组织结构的变化必然导致组织文化的变迁。对比资深的普通本科院校，新建本科院校需要迅速转变专科办学思维，学生技术技能型培养模式要向理论与实践一体化、技能与研究综合化的培养模式转型。通过进一步加强科学研究与学科建设，学校在内涵和外延上体现出本科办学的思维、行为和效果。

作为一个研究机构或者研究中心，组建的研究团队是推进科学研究和优秀成果产出的最终力量。如果这个组织又被赋予创新的使命，这就意味着这类科研创新团队要进行前人较少甚至没有的科学研究。这对于组织确定研究方向和目标，建立有效率的运作机制，完善成员之间的协作关系等都提出了较高的要求。特别是科研创新团队落地于一所新建本科院校时，它的确需要一个有利于它发展的外部和内部环境，而这种环境在很大程度上就体现了大学和这个组织的文化建设水平。

一般来说，对一个科研创新团队的评估，首先是成果公开发表的量化，如论文发表的级别如何、数量如何，以及影响因子多少。关注结果性评估的好处是比较直观地反映出一个组织的建设成效，但如果只考虑结果，就会忽视产生优质科研成果的各种条件性因素。今天，大学所开展的科研工作越来越有难度，个人的研究力量有限，团队攻关、团队创新已经成为各类型创新研究的常态。在这种趋势下，更要准确和完整地评估一个科学研究组织，文化评估就成为重要的内容。

（二）价值澄清

文化评估对新建本科院校科研创新团队的价值体现在哪些方面呢？我们可以从以下内容来理解。

文化评估是大学组织评价体系的重要支撑。高等教育评估理论与实践在西方发达国家已经比较成熟。我国进入 21 世纪后才开始较为全面深度的办学评估工作，但对大学开展文化评估并未作为重要的评估议题和指标。后来，国家在文化软实力建设兴起的背景下，才开始把文化建设纳入高校的发展规划，探索中国特色的大学文化建设与评价体系。例如，北京航空航天大学的蔡劲松和王军霞构建了以三级指标评分体系为基础的大学文化建设自评与互评的方法、模型，甘肃政法大学王汝发基于模糊数学的基本原理用定性与定量结合的方法对大学文化建设水平进行评价。这些文化评估具有宏观性，都是在整体上对学校的把握，本章对新建本科院校科研创新团队的文化评估则是从微观出发考察整体学校文化建设。

以科研创新团队作为文化评估对象，是高校文化创新的关键点，一个高校是否具有长久的文化活力，有无文化创新成果的注入，反映出一个学校办学中的文化定位，这对于学校发展具有根本性意义。我国本科院校办学评估把科研创新团队的建设纳入整体考量，将是我国大学评价体系更为完善的体现，也对后续的评估工作起到重要的支撑作用。

（1）文化评估有利于科研创新团队的有效建设。什么样的科研创新团队才是成功的？如果从组织管理学的角度来看，马克斯·韦伯理性权威理论的官僚组织，现代社会的政党组织、公司组织，以及 20 世纪末流行起来的彼得·圣吉的学习型组织，不同时期人们都在寻找组织团体有效建设与运作的方法。例如，对于哲学社会科学科研创新团队来说，它的领域和目的都很明确，就是要在哲学社会科学领域内做出创新性研究。通过文化评估，可以发现这类型团队在成员团队目标的认同、思考问题的范式乃至意识形态上，有着较为稳定的学派基因。国内比较知名的如北京大学中国经济研究中心、复旦大学中国研究院等都属于这类型团队。当然对于新建本科院校来说，不可能一步建设起国内领先的科研创新团队和研究机构，但是通过开展文化评估，团队的研究方向、研究理念与方法，以及关注问题的视角都会不断聚合，最终形成该团队独特的研究风格，产生出具有独特学术价值的研究成果。这就从根本上推进了科研创新团队的有效建设。

（2）文化评估能够推进知识创新和文化创新的步伐。文化评估对于科研创新团队来讲，既是一种组织文化建设水平的评估，也是一种研究水平和质量的评估。科研创新团队的文化评估要以团队在知识创新过程中形成的研究范式为主要考察内容，对创新进行深入细致的分析和评估，看一个团队到底是在知识原创，或是在研究方法独特，又或者是在研究领域新颖等方面有创新举措和价值生成。这种评估必然会对团队的领导和骨干在有效加强组织建设方面提出更高的要求，督促全体成员生成高质量的创新研究成果。当然知识创新和文化创新是两个层次的问题，个别研究人员可能在局部的某个知识领域能够实现知识创新，但是他难以推进由点到面的文化创新。通过文化评估，将知识创新不断扩散、示范，这就使得文化创新获得了更有力的支持和发展空间。

（3）文化评估能促进学校管理质量提升。这里主要从学校管理中最活跃的因素——人的角度来进行说明。首先，新建本科院校需要对办学定位、思路等进行研究和探索，建立科研创新团队，为学校发展建立智库。通过研究新建本科院校所具备的优势与劣势，发展面临的机遇与挑战，进一步为学校领导层提供科学的决策建议。其次，本科院校师资力量建设必须以研究为本。即使是教学型高校，教师也必须深入开展教学研究，进入科研创新团队，对高校教学改革中的问题和解决方法进行研究，对各学科领域内的前沿问题开展创新研究，便能培养出优质师资力量。最后，引导本科生开展相应层次的社会科学研究，让学生真正领会学以致用、研以致用。大学教育要培养人，教师只有不断开展创新研究，才能从内容和途径上有所创新；学生也能在解决局部科研问题的引导下进行学习，使学习的深度和热情有更大的进步。

（三）目标与分类

文化评估有广义和狭义的理解。从广义来说，可以是外部也可以是内部进行的泛文化的一种组织审视和评价，一般没有组织之间的等级、差距之分，只有特色之别。从狭义来讲，文化评估具有特定的文化指向性，是一种组织文化建设质量和水平的有效评估，它与学校内部组织管理的水平相关，可以用于组织之间的建设水平、成效的测定。因此，想达成什么样的目标就显得尤为重要，因为这是开展科研创新团队评估的逻辑起点。新建本科院校科研创新团队文化评估的目标主要有以下几类。

1. 以提升本科院校治理能力为目标的文化评估

作为新建本科院校，在面对教育部的办学合格评估过程中，倡导的基本思想是"以评促建、以评促改、以评促管，评建结合、重在建设"。这种自上而下的官方评估旨在关注一所本科院校的整体办学水平，在整个评估体系和指标中不仅对显性指标，如生均办学经费、实验场地、生师比等非常重视，也对办学指导思想、目标定位、队伍管理等进行考核。做好科研创新团队的文化评估，促进学校完善科研组织机构的建设，为学校顺利完成办学评估工作打好基础。相应的，科研创新团队要力争成为评估过程中的加分项，包括关注大学治理、大学生德育、本科院校转型等与学校评估直接相关的领域；加大学校在科研创新和社会服务方面的影响力；与各个二级学院联动，在科研创新实践过程中开展本科生创新实践能力的培养，使整个学校"产、学、研"一体的思想得到真正的贯彻。本科院校的评估也是高校科研创新团队建设一个强大的外部动力。

2. 以统整本科院校大学文化为目标的文化评估

在文化育人、文化兴校的背景下，大学文化越来越成为新建本科院校提升内涵、加强内部建设的重点。一个学校的文化建设往往需要一个结构性的文化脉络，将各个二级学院、科研院所都统整到这条文化脉络上是一个必然的选择。因此，如何将大学文化浸润到这些科研创新团队，将同构的文化基因植入这些科研创新团队，就需要进行一定程度的文化评估和文化建设。该评估主要是学校层面组织开展，它体现了学校领导层在办学过程中已经将大学文化看作完善组织管理的重要途径，同时也在追求文化视野中新建本科院校的特色发展。这类型的文化评估需要处理一个关键问题：相对独立的科研创新团队自身的文化如何与横向的其他部门以及更高层次的学校文化相互有效融合。这就要求学校在组织管理上下功夫，从机构组建、团队领导选拔、工作绩效考核等多个角度引导科研创新团队文化建设与学校文化建设有机结合、有序实施，避免研究人员群体中形成阻碍学校有效治理的非正式的组织文化冲突。

3. 以坚持先进文化引领、开展科研创新为目标的文化评估

新建本科院校科研创新团队是重要的智库，要为大学治理乃至社会治理解决各个重大问题提供创新的理论与方法，团队的创造力和关注点要服务于社会民生。也就是说，这种团队文化应该是开放的、现实的、创新的。开放是指一个科研创新团队要善于兼收并蓄，吐故纳新，始终保持强大的活力；现实是指科研创新团队要回应这个新时代的要求，丰富当代中国人的精神世界，传播中华民族的优秀文化成果；创新是指科研创新团队要与时俱进、勇于开拓，为这个时代提供更多的中国智慧和中国方案。在国家大力推进智库建设的浪潮中，新建本科院校科研创新团队为推进新时代中国社会主义建设的伟大工程，应贡献出更多的优秀文化成果。

二、文化评估的模型与方法

正如前面所述，新建本科院校科研创新团队在实际开展文化评估中，存在不同的目标与层次，由此也形成了不同的文化评估模型与方法。下面从大学视角和绩效导向的科研创新团队文化建设、绩效导向的科研创新团队文化建设这两个方面对模型与方法进行深入探讨。

（一）大学视角的科研创新团队文化评估模型

1. 模型框架解读

我们在评估新建本科院校大学文化建设的过程中，怎样看待科研创新团队的文化呢？这是一个需要在理论和实践中不断去完

善答案的问题。清华大学的张磊认为，20世纪80年代，美国南加州大学威廉·蒂尔尼教授借用人类学的"进入现场"和"深度访谈"等方法对多个大学进行学校文化案例的剖析，最终形成的大学文化诊断工作框架，能够帮助大学管理者充分了解自己学校文化现状，及时纠正存在的问题，使得大学管理水平和产出都得到提升。威廉·蒂尔尼文化评估模型将工作环境、目标任务、成员社会化、信息发布、工作策略、领导风格六个方面作为基本指标。我们以威廉·蒂尔尼大学文化评估模型为基础建构出新建本科院校科研创新团队文化评估模型，简称为"威氏风格科研创新团队文化评估模型"（见表8-1）。

表8-1 威氏风格科研创新团队文化评估模型

指标内容	评估要点
工作环境	团队成员如何描述工作环境？ 大家在工作环境中的态度如何？
目标任务	目标任务的来源是怎样的？ 目标任务阐述是否清晰？ 团队成员对目标任务的认同度如何？
成员社会化	新成员如何社会化的？ 促进新成员社会化，各方做了哪些工作？ 成员要脱颖而出需要注意什么？
信息发布	团队发布信息的内容一般由什么构成？ 哪些人容易了解这些信息？ 发布信息的途径有哪些？
工作策略	团队通常采用什么方式做决策？ 做决策过程中采用了哪些策略？ 由哪些人做决策？ 决策失误后如何补救？

指标内容	评估要点
领导风格	领导是正式任命的还是非正式任命的？ 哪些人成了领导？ 团队成员期待领导能为大家做什么？ 团队成员是否适应领导风格？

这里需要对表 8-1 中的指标内容和评估要点进行解读。第一个"工作环境"指标，通过调查科研人员对工作环境的状态描述和态度表达，反映出他们对工作环境的满意程度。物质条件所形成的环境是组织文化中器物文化的重要载体。科研机构清爽明亮的装修设计能够带给成员积极向上的工作氛围，而古朴典雅的结构设计又可以体现出研究机构深厚的历史文化底蕴。环境文化是最直接外显的文化形式，它的直观性让科研人员和学生都能够从视觉、听觉等感官中获取文化养分。在大学校园内各研究机构中，文化育人与环境育人都是统一的，人在环境中表现出的态度就是其工作和人际交往的态度，所以，重视研究机构的环境建设对团队文化的完善有积极作用。

第二个"目标任务"指标，反映出团队的方向性和内部认同感。目标任务是科研创新团队作为一个组织存在的根本理由，建立科研创新团队就是要攻坚克难，共同创新解决一些重要问题。目标任务的评估要点是从三个维度进行考察，首先，目标任务的来源。团队开展的研究不仅是个人的兴趣专长，还是满足国家和社会更大利益诉求。其次，让成员就目标任务进行阐述。能否清晰准确的表达，能够考察成员是否对目标任务有准确的理解。再次，在理解的基础上，成员是否形成了对目标任务的认同，这也是重要的评估要点。一个优秀团队中的各个成员应该能够很清晰地描述出组织目标任务，而且对这些目标任务有高度的认同。

第三个"成员社会化"指标，是指团队内部成员之间是否进行了有效的互动，建立起和谐有序的人际关系。它考察了新成员迅速融入团队的相关过程，团队为使新成员与其他成员建立起合理的社交关系做了哪些准备工作，以及团队内部有无培优的机制，保证团队成员以饱满的激情、积极向上地工作。让新成员迅速融入团队开展科学研究，考验着团队文化的成熟度和吸引力，也要求科研创新团队重视以文化作为润滑剂，促进团队成员之间的磨合。随着团队成员之间在学术和生活等方面的不断交往，形成组织内较为稳定的交往方式，能够增进成员对团队文化的认同，有利于团队科研攻关合力的形成。

第四个"信息发布"指标，是对团队内外信息交流和沟通状况的考察。新建本科院校科研创新团队要非常敏感地关注特定领域内社会问题的发展，关注国家大政方针的走向，要与国内外学者开展学术交流活动，了解特定领域内研究人员的最新成果，同时也要将自身的成果推送出去，做好宣传。这些工作都需要做好团队外部各种信息沟通。而在团队内部，信息发布的主要内容是什么？是否是成员们关心的内容？信息发布通过什么样的渠道来完成，是否及时高效？这种传播渠道中，哪些成员能够很快地获得信息，哪些成员又难以获得？这些问题的解决也体现了一个团队在信息传播中的能力和水平。"who says what to whom in which channel with what effect"，这是传播学中"5W"理论的一个通俗表达式，从中可以看出，信息传播通畅需要在主体、客体、内容、渠道和影响几方面下功夫，其中任何一个环节脱节都达不到信息沟通的效果。不仅如此，对于一个科研创新团队来说，信息流还会带动人才流、资金流，汇聚前沿信息的地方既能够吸引优秀的研究者，也能够获得更多的科研经费的资助。

第五个"工作策略"指标，聚焦于科研创新团队在各项工作中决策与执行的科学性、有效性。它涉及评估由谁来做决策，团队决策的方式和过程，以及如果决策失误团队能否有效补救等问题。新建本科院校科研创新团队成员之间的工作往往是双线并行的：一条线索是团队共同的目标任务，是一个总体的方向性任务；另一条线索是研究人员个别的研究任务。对研究团队的绩效考核往往也有团队考核和个人考核两个维度。因此，"工作策略"指标有助于建立目标任务之间适当的逻辑关联，合理地分配工作，制订团队工作计划、工作策略，优化工作策略，能够使团队成员各司其职，充分发挥各自的主体性。当工作决策出现失误时，团队能够客观冷静对待，迅速纠错。

第六个"领导风格"指标，关注团队领导集体的能力和风格。这是带领团队的核心力量，直接指挥和建构团队的文化。团队领导的产生究竟从何而来，能不能服众，是科研创新团队领导层必须面对的问题。科研创新团队都是高级知识分子，群体内个人经历、研究方向和学术水平往往是一种领域和类别的差异，而不是能力的差距，所以难以区分高下。但是始终有部分优秀的研究者要成为团队和项目的领导，新建本科院校内部的领导干部选拔遵循民主集中制，既有组织考察也有群众民主测评。推选出的团队领导要能够成为科研创新团队的领路人，领导和成员之间要通过磨合实现相互包容，团队领导风格为大家所理解和适应。同时领导通过各种沟通了解成员的期待和需求，进一步提升自己的领导能力和完善领导风格。

2. 模型适用原则与方法

威廉·蒂尔尼在对大学进行文化评估时大量采用了人类学方法，偏重于进入现场和田野调查，这样的框架在对大学内部组织文化评估时，主要涉及调查和评估领域的细化工作。因此，威氏风格科研创新团队文化评估模型在适用过程中还需强调几个原则，并由原则梳理相应方法。

首先是"聚焦要素"原则。这个模型要评估的内容尽管有六个方面，但实际上核心要素只有三个——人、任务和信息。人们对环境、工作和人际的态度如何，能否认同科研创新团队文化，能否传递和坚守这种文化，这是最关键的要素。组织的文化评估就是评估组织内的人员，这既包含普通的团队成员也包含领导者。任务是团队聚集的理由，也是团队目标的具体表现。任务如何确定、怎样完成才能展现团队成员能力、默契程度，这也是团队文化共育的过程。在文化评估中，要关注任务的可行性、创新性，尤其分析团队成员对任务的理解和认同程度。信息即是一个大概念，在这里结合文化评估主要指组织内外信息沟通的情况，特别是团队成员间信息的无障碍交流，这对于团队文化建设非常重要。当抓住了以上三个核心要素后，评估内容就比较明确了。

其次是"繁简结合"原则。在威氏风格科研创新团队文化评估模型中，主要涉及三个核心六个方面，从维度来看这体现了"简"。在"简"的维度之下，不仅要做好科研创新团队文化建设成效评估工作，还需要在六个一级指标之下做好"繁"的工作，也就是要把文化培育和建设的关键细节找出来，形成二级指标和三级指标来开展评估。这个文化评估模型要求评估场域多样，要深入考察团队成员的各类活动，所以，"繁"和"简"的结合才能保证这种调查研究方法得到充分应用。

最后是"真实反馈"原则。由于评估依赖的信息主要是观察、访谈，组织成员需要保持日常工作状态。如果在评估过程中刻意掩盖和隐藏信息，评估的信度就会降低，达不到效果。特别是组织成员与评估专家交流的过程中，提供真实的想法和感受尤为重要，这能够让评估专家更准确地判断组织文化的建设状态。

从方法上看，该模型框架要转化成为组织文化评估指标体系，就要深入组织中进行评估操作。

一是细化框架指标。将六个方面的指标再次细分，形成更加严密的评分系统（见表8-2），这个工作相当于文化评估的整体顶层设计。本次细化工作所用方法偏重人类学、社会学方向，细化工作更加体现组织成员的直观感受，让成员能够放松和开放地回答问题。表 8-2 将二级指标细化，并转化为调研问题。

表 8-2　威氏风格二级评估指标问题细化示例

一级指标	二级指标（问题细化）
工作环境	办公设备能否满足科研创新工作要求？ 安全卫生条件是否满足组织工作要求？ 室内外文化装饰有无体现组织文化特点？ 工作中是否能够找到协助者？ 工作中的喜悦和失落是否愿意分享？ 人员流动对团队带来何种程度的影响？ 绩效考核是否让成员感受到公平与效率并举？ 日常组织文化建设工作是否有效开展？
目标任务	团队和成员是否有明确的工作计划和任务清单？ 在目标任务推进过程中监控与激励是否到位？ 成员对团队和个人目标任务的认同度如何？ 成员对完成团队和个人目标任务的信心如何？ 成员对团队和其他成员工作进度和效果的知晓程度如何？ 现有目标任务实施过程中能否及时解决问题？ 领导与成员就任务安排是否开展了有效沟通？ 成员能否就团队建设理念与愿景进行清晰阐述？
成员社会化	组织内部是否有效开展了入职教育？ 是否定期开展如"工会活动"等正式的团队内部交流？ 组织成员对外交流中是否积极宣传了本机构与团队？ 是否采取有效办法帮助新入职成员认同团队文化？ 入职成员是否了解职业进阶系统？ 新老成员之间有无任务引导与帮助的桥梁？ 新成员对团队文化中哪些方面不太适应？ 团队内部非正式组织的情况及影响如何？

一级指标	二级指标（问题细化）
信息发布	现有多少种途径在进行信息发布？ 有无高频使用的信息发布平台？ 什么样的成员对团队发布的信息敏感或不敏感？ 信息发布能否得到有效及时的反馈？ 信息内容在传递中失真的概率多大？ 信息发布与任务追踪是否有效链接？ 团队成员对现有内外信息交互模式满意度如何？ 有无任务失败预警和负面情绪等信息沟通途径？
工作策略	团队工作任务的决策者是否为科研专家？ 重大决策时团队内部是否有充分的调研？ 决策过程中是否对反对意见进行分析与反馈？ 团队决策是否建立了标准流程？ 团队决策在团队成员中是否得到较高比例的认同？ 团队决策是否得到了有效的执行？ 决策失误时有无补救机制？ 决策失误是否建立了问责制度？
领导风格	组织领导是否具有说服力的专业背景？ 组织领导任命是否经过标准的考核程序？ 领导安排工作的方式在多大程度上被员工接受？ 科研攻关进程中领导在多大程度上发挥了示范作用？ 领导在多大程度上做到了关心和体恤员工？ 现任领导距离员工理想中的领导差距多大？ 领导是否处理好了组织与学校、社会的外部关系？

二是开展深度访谈与田野调查工作。尽管有了前述的有关组织文化调查的量表，但文化问题往往难以精确测量，需要调查人员深入组织去观察和对话。因此，对组织内部成员的深度访谈和田野调查是相当重要的。若科研创新团队成员在 20 人以内，尽量不干扰工作的前提下，与每一个成员进行深度访谈。这样既可以就已经完成的问卷题目再次确认，也可以让他们就组织文化建设提出自己的想法和建议，以利于文化评估后的组织文化建设。

作为非结构化的定性研究方法，深度访谈不仅要对组织文化建设的关键要素进行深度剖析和交流，还要在这个过程中分析受访者的潜在动机、态度和情感，对完成的访谈笔录也要进行语义表达的深度分析。在调查与访谈中要侧重引导受访者讨论一些开放式问题，或者通过评论其他组织文化的优劣窥探出他们内心的真实感受与想法。

人类学意义上的田野调查指的是参与当地人的生活，在一个严格定义的空间和时间的范围内，体验人们的日常生活与思想境界，通过记录人们生活的方方面面，来展示不同文化如何满足人们普遍的基本需求。这个田野调查的方法对科研创新团队的文化建设具有指导意义，它要求组织文化评估专家成为组织中的一员，参与组织的日常活动，通过一定时间和空间过程的体验、记录，最终考察得出组织文化建设的成效与问题。深度访谈与田野调查，再加上细化的文化建设量表分析，是准确把握组织文化状态的综合性方法。

三是做好信息收集整理工作。数据信息的有效整理是得出组织文化评估结论的重要前提。威氏风格科研创新团队文化评估模型采用了综合性的方法，既有量表统计法，也有经验性分析法。在问题量表填写、深度访谈和田野调查完成后，需要对信息认真整理并提炼出结论。这里既有工具性问题也有程序性问题需要解决。工具性问题是指分析过程中需要准备哪些工具，如量表设计与量化分析，田野调查中的组织融入，深度访谈的提纲内容。同时，当初步的数据和信息整理出来后，评估专家团队还需要对这些信息所反映出的问题和成因做专业的评估，专家团队要反复确认组织文化评估的结论，最终由专家团队向委托方反馈评估结果。最终，整个评估过程就是信息数据交互的过程，数据信息有效的处理保证了组织文化评估工作的科学性。

四是反馈后的组织文化建设。评估是起点，其根本目的是加强团队建设。所以组织文化评估不能简单地处理为专家团队对科研创新团队的单向工作。专家团队的结论和科研组织成员应进行充分的交流，一方面是让成员认识到组织文化建设中存在着需要改进的问题；另一方面是通过这种反馈交流，为后续进行组织文化建设做好铺垫工作。一个周期内组织文化建设的反馈交流完成后，新一轮的文化建设即将开始，所以，组织文化评估也是一个螺旋上升、需要不断去完善的工作。

（二）绩效导向的科研创新团队文化评估模型

从整个大学的视角来看，科研创新团队文化评估是局部服从整体的建设思路。绩效导向的科研创新团队文化评估更侧重于评估单一部门或者项目团队为实现工作目标而形成的文化环境与状态。从 20 世纪 80 年代以来，全球市场经济对高校管理活动产生了影响，很多学者将企业文化评估研究方法移植到高校，对高校科层部门、学术研究机构、产学研一体化中心等开展了多种基于绩效的文化评估。其中由密西根大学罗斯商学院的奎因（Robert Quinn）和卡梅隆（Kim Cameron）开发的"组织文化测量工具"（The Organizational Culture Assessment Instrument，OCAI）被高校广泛接受，并用于分析推测学校和部门的绩效。从中国知网中核心期刊刊载有关高校文化评估的文章来看，OCAI 模型在我国的认知程度也是相当高的，这种绩效导向的文化评估方法直接或间接地影响到了中国改革开放以来的高等教育改革和评估工作。

1. 模型框架解读

OCAI 模型在美国的出现，缘由 20 世纪 60 年代到 80 年代欧美经济增长过程中，一系列组织变革的解释与实践都失败了。这包括全面质量管理、减少规模法和流程再造法等，所以组织变革的本质需要重新思考和定义。奎因和卡梅隆认为：组织文化是组织里一种贯穿始终的属性，它涉及组织的各个层面；了解组织文化不是了解文化知识，而是了解组织管理中所有管理现象的本质，以及管理技能和管理本质之间的关系。他们通过近 1000 个组织文化信息影响绩效的案例总结出"对立价值架构"的有效性。从教育方面来看，他们提及教育机构有责任协助管理层进行改革，建立有意义的组织文化；教师也需要告诉学生组织文化变革的步骤和方法，以及理论分析在实际操作中的巨大作用。这种文化评估工具建立在对立价值构建的理论框架上，提出者认为这个框架是众多解释组织文化的共同性结构。

绩效导向组织文化评估要对组织效率—绩效进行定义并提供标准测定体系，于是将众多的指标构建成一个四象限图形，反映出不同的组织绩效评价，如 8-1 图所示。

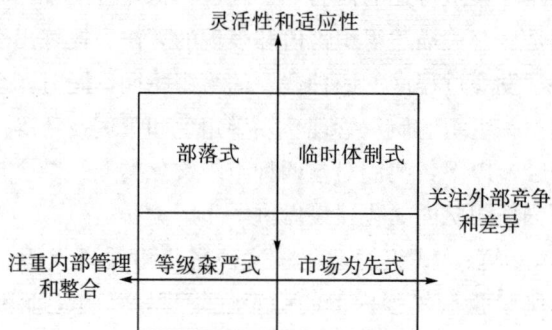

图 8-1 绩效导向组织文化评估四象限图形

横纵两坐标反映了两个大组，包括四个向量维度的组织特性。第一个大组中反映出：一是组织在灵活性、适应性强弱方面的不同，二是组织在稳定、遵守秩序和控制上的不同表现。第二个大组中反映出：一是内部管理、整合、统一性程度，二是外部存在的竞争和差异性的比较。根据两个大组构成的横纵坐标系划分出的四个象限，形成了每个象限代表不同组织效率的指标。值得注意的是，这四个象限的划分最显著的特点是代表了完全对立或者具有竞争关系的假设，每一个坐标的两端都代表着一个极端。比如灵活性强对稳定性高，注重内部管理对外部竞争为主。具体而言：

"左上角的象限表示组织重视内部管理且灵活而又有生机"，具有"部落式"特征。

"左下角的组织重视内部管理以及所有的控制权"，具有"等级森严式"特征。

"右上角的组织重视外部竞争同时又希望能有机管理"，具有"临时体制式"特征。

"右下角的组织比较关注外部事务和喜欢控制一切"，具有"市场为先式"特征。

关于四个象限特征的命名，奎因、卡梅隆特别说明并非随意为之，而是从有关描述组织价值和表现的著作中提炼出来的，符合组织科学发展过程中的四种主要的组织特征，同时四个象限和组织的成功、组织的质量管理、领导角色和管理技巧等关键管理理论相符合。以下，我们对这四种组织文化类型，结合新建本科院校科研创新团队的文化建设做进一步解读。

一是等级森严式组织文化。这种文化为保证组织绩效处于一定的水平，强调加强内部的稳定性管理，如自上而下选拔组织的任务目标与领导。这种组织文化在人类社会发展的历史进程中具有很重要的地位，也是早期资本主义得以萌芽和发展的重要文化支撑。西方社会学家马克斯·韦伯曾指出尊重理性的权威能够为组织治理提供良好的典范。这种理性的权威反映在组织架构中就是等级制度和官僚机制，因为它可以稳定、高效地进行生产和服务。他的这种观点在《新教伦理与资本主义精神》一书中体现得非常充分，正是有了社会对理性权威的认同，只要外部环境相对稳定不发生特别剧烈的变化，全社会各个组织发展就主要依赖于内部的严格管理，包括对工作目标的准确定义、工作过程和工序的标准化操作、个体在工作中责任与义务的合理分工。

从高等院校的科研组织来说，学术研究的创新性和自由度既需要一种高度宽容的环境，也需要顶层设计和领军人物的带领。等级森严式组织文化在传统高校，特别是以德国为代表的欧洲大陆高校内部有着充分的体现，其中教授治校机制、讲座教授制度等内含着典型的组织管理科层制特征。学术权威对一所大学来讲具有至关重要的作用，也正是这样的组织文化，使得传统高校稳定的发展，取得了较多的科学研究成果。从全球大学排名上也可以看到这种现象，越是传统的、古典的高校越是经久不衰地在人才培养、科学研究上处于领先地位。

这一点在我国的高校改革和发展过程中也有所回应。首先是很多高校在介绍校史时都会追寻最初筹办的学堂背景，以此彰显办学中具有古典大学的组织文化基因，并且充分解读以当时的主要学术带头人为代表的这些组织文化基因对后来高校办学的影响。此时，等级森严式组织文化产生了非常正面、积极的影响。其次，高校建设和评估过程中特别重视学术带头人和领军人物的培养和引进。各个高校各学科中院士、博导数量成了最具代表性和竞争力的核心指标。围绕在院士、博导周边形成了从项目、人事到财务等组成的科研系统，其实也是尊重理性权威的体现，经费的分配、博士生的毕业等都依赖于导师的理性决策。从我国一般高校的实践来看，等级森严式组织文化还是占据着重要的地位。最后，高校科研成果的鉴定依赖于项目和论文的级别。国家自然科学和社会科学基金项目的数量、国家级科技成果获奖等级和数量，发表在 SCI 和 SSSI 论文的数量，这些评价很多都处在等级森严式组织文化系统中。所以说，等级森严式组织文化对高校文化，包括高校科研创新团队文化建设来讲是有重要价值的。

回到新建本科院校科研创新团队文化评估这个议题上，等级森严式组织文化意味着这样几个方面：其一，新建本科院校在升为本科院校初期，其创新研究在适应本科院校体制和达到创新成果水平上可能与传统本科院校有差距。从建章立制的角度看，为保证制度完整性和目标统一性，等级森严式组织文化能够起到组织规范建设的作用。其二，多数研究成果需要继承与发扬并举，强调对传统经典、学术大师的尊重本身就是一种科学精神，并且它也不排斥对经典和大师的质疑，只要这是建立在客观标准和合理程序的基础上的。其三，等级森严式组织文化也可能带来研究领域和方法的同质化弊端。因为很多创新的思路和方法在已有的体系内并未出现过，研究者因循守旧，这对科研创新团队是非常致命的威胁。其四，等级森严式组织文化可能不利于创新研究人才的涌现。一个新入行的研究员很有创新研究能力、业绩优良，但是他要成长为领军人物，带领团队在科研上取得巨大突破则很难，因为这种组织文化难以认同他，除非已有的团队领导和领军人物真正器重他。所以，等级森严式组织文化对科研创新团队也是有利有弊。

二是市场为先式组织文化。市场为先式组织文化建设理念来源于人们对自上而下和自下而上不同组织问题解决效率的比较。从商业行为来看，市场为先是要满足客户的需求，最大限度地降低市场交易成本，使得组织绩效最大化。所以，市场为先式组织文化重视如何进行交易，如何与合作伙伴在竞争中赚取利润，保留住客户。奎因、卡梅隆认为这种组织文化有一个假设：外部竞争还没有开始但充满敌对情绪，客户非常挑剔并且在乎价值，组织正在进行提升自身竞争力的业务，而且管理层的目的就是提升组织的生产力、业绩和利润。同时，市场是多变的，不能留恋已经取得的成绩。

非常凑巧的是，这种假设的描述与当前我国高等教育改革发展的背景不谋而合，从 20 世纪 90 年代开始，"211""985"建设工程项目，到当前的"双一流"建设，高校之间的竞争越发激烈，教育部作为本科院校的管理机构，更营造出一种竞争的态势，资源分布上形成大学和学科实力不同程度的分布差异。超越国内乃至国外高等院校和学科建设已经被正式提上了中国高等教育建设日程。国家之间在高等教育领域内展开的竞争正如火如荼地进行着。我国以公办高等院校为主体，国家作为高等教育的重要"出资方"和"客户"，高等教育必须要回应国家的这种现实需求，在经济发展过程中把人才培养、科学研究、社会服务和文化传承的工作做好。从教育部主导的高校本科合格评估来看，这种反映国家作为"客户"的"市场化"的指标占有了绝对的权重。

学生和家长作为另一部分重要的客户则非常挑剔各个高校及其学科的排名，非常在意毕业生就业率、保研率、出国率等具体价值指标。各个高校提升自身竞争力就是在人才培养、科学研究、社会服务、文化传承这些具体功能上形成突出的优势。研究型本科院校重点放在研究生培养、国家重大项目科学研究攻关等方面，教学型本科院校重点放在学生素养、职业技能培养等方面。不同类型的高校面对不同的市场需求环境，要追求自己的组织目标，形成独特的组织文化。

大学的产、学、研协同发展一直是推动社会进步的重要动力和现代大学的基本特征。国内主要的高校成果研发和转化面临着市场化的需求，也产生了很多成果，涌现出一批如清华同方、北大方正、复旦复华、交大昂立、同济科技、川大智胜、浙大网新等 A 股上市公司。资本市场中的高校概念始终是社会资本关注的热点，因为依托这些高校的产、学、研的协同创新，往往能够产生出影响社会经济发展的重要创新性成果。国内重要的大型企业不管是国有还是民营都在各大高校共建实验室和人才培养基地。由此可见，大学办学和研究面向市场已经是现代社会的重要组成部分。

市场为先在新建本科院校科研创新团队文化评估中也很重要。它首先要求研究团队努力回应现实社会和市场中重要的议题，并提供创新的解决问题的思路和方法。比如当前对中华优秀传统文化的传承问题，这不是用自然科学计算和实验方法能够解决的，这里存在着创新的责任和空间。这种组织文化的建设反映出本科院校科研创新团队能否从实践中来再到实践中去的研究水平。另外，市场为先反映出新建本科院校科研创新团队的目标和责任。新建本科院校大多是三本院校，属于应用型本科院校范畴，学校的重大责任就是帮助学生认识社会和职业，完善职前培养工作，提升学生德智体等方面的整体素质。这类型的本科院校如果完全脱离学生培养的实际，不去研究学生从哪里来、到哪里去这些市场中的问题，则是科研创新团队的一种责任缺失。因此，新建本科院校的创新研究必须根据自身实力和条件，强化研究中的责任意识和文化引领。

三是部落式组织文化。该组织文化类型处于左上角象限，注重组织内部建设和组织灵活性，与家庭型组织文化很相似。研究者在比较美国和日本的组织文化建设中发现，美国更多地体现出市场为先和等级森严式组织文化，而日本重在建设类似家庭成员之间关系的部落式组织文化。他们强调团队精神，重视团队内部的认同，通过建设人性化的工作环境，给员工更大的自主权，试图激发他们的参与、贡献和忠诚。这种组织中管理层级可以不多也不严苛，领导就像家长和导师。这种组织的成功被定义为"组织内部环境和人心所向"。

部落式组织文化在高等教育领域内也有所体现，特别是地方高等院校经过长时间内生型发展后，高校内部形成了如同家庭成员般的关系，不管高等教育改革和发展的外部环境发生何种变化，学校内部的组织架构和骨干力量始终能够灵活地加以应对。部落式组织文化将高校内部成员权利与义务以公开和公平的形式进行确认，并且谋求共同利益最大化的发展。

本科院校在升格创建过程中，往往聚集了一批"以校为家"的核心骨干，为组织的发展贡献了力量，他们与领导之间形成共同创业的情感联系。这对一个组织来讲是非常重要的。办高等教育是一个巨大的系统工程，需要各个学科领域内的骨干教师、学校各部门和各级层面共同努力工作，才能不断的发展。部落式组织文化中强调的组织团队利益也比较符合我国办社会主义大学的理念，办学是为广大师生、为人民而办，它追求的也是组织利益。如果从新建本科院校科研创新团队文化评估来看，部落式组织文化也具有重要的启发意义。近年来，高等教育领域非常重视对教学团队、研究团队的打造，投入很多资源在各个级别的团队项目立项和评奖上面。如果从整个高等教育来看，这就是各个高校之间在比拼着团队绩效，而影响这种团队绩效的重要方面就是组织文化建设是否具有部落式特征。作为一所新建的或者新升格的本科院校，科学研究的实力亟待加强，这就要求科研创新团队团结一心、凝聚众智、奋发有为。在注重团队内部管理的基础上，团队成员一同聚焦研究的创新性和适切性。

从另一个角度看，新建本科院校隐藏着一个风险，这种部落式组织文化的重要前提是成员的忠诚度。如果不能很好地建设这种部落式组织文化，则不利于教学科研队伍的稳定。如果本科办学历史不长，学校对科学研究的重视程度不够，就会直接影响到学校学科建设的进程。按照当前学科建设的普遍经验来看，顺利完成单位硕士点建设的时间一般在八年以上，博士点建设就更长了，研究周期较长的问题对高校科研人员来说是一个巨大的挑战。如果新建本科院校对上述问题处理得不好，将导致研究人员忠诚度逐渐下降，团队缺乏凝聚力和战斗力。

四是临时体制式组织文化。奎因、卡梅隆认为，随着世界从工业时代进入信息时代，临时体制式组织文化将成为 21 世纪高度活跃的典型组织文化。从商业角度来看，产品和服务优势半衰期的迅速变短将成为未来社会发展的趋势，组织成功与否关键是有无"革新和主动的先驱性"，并且将主要致力于开发新产品和服务，以便为将来做准备。而所谓"临时"，也就是当新情况发生时，这个组织可以迅速反馈、重新组装自己，它突出体现了组织对外部环境的灵活反馈。他们指出这种组织大量存在于航空宇宙、软件开发、智囊咨询等行业中，因为这种机构将完成其重大的挑战，即迅速适应新的时机，制造创新的产品和服务。组织成员把关注点放在新知识、新技术、新创意方面，并随时迎接新变化和新挑战。组织的领导应该充满想象力，具有创新和风险导向能力。整个组织文化中凝聚成员在一起的是"实验和创新的使命"。

我国高等院校对临时体制式组织文化有一个逐渐认同和建设的过程。如对人员流动的放开，很多高校都有聘请海外大学知名教授的兼职授课计划，从外部引入人才对内部产生"鲶鱼效应"。又如，为应对外部剧烈变化建立各种对新问题、新技术的研究院、所。再如，高校开展集团化办学或者成立国有投资集团创办创新企业。当高校不仅进行知识传授，还开展知识创新，产、学、研协同创新，并成为全社会创新创业重要主体的时候，高等院校将会更加深刻地认同临时体制式组织文化。

如同科技发展对于后发的工商业创新一样，新建本科院校也具有一定的后发优势，在创新科研上可以在组织上、技术上迅速向一流水平看齐。它的文化建设路径至少有三种选择：一是较保守地采取向传统本科院校学习的"尾灯战略"，复制办学成功的本科院校在文化建设上的做法。二是充分结合市场较灵活地开展本科教学和科学研究工作。部分民办高校、中外办学本科院校正在这个维度上开展实践，探索中国高校文化面向市场和国际发展。三是本科院校还可以充分结合传统优势，开展面向社会服务的应用型本科转型，构建一种学以致用、教以致用、研以致用的应用型大学文化。笔者认为，临时体制式组织文化对于本科院校的应用型转型具有至关重要的作用，因为这种文化中内部组织结构与外部社会变化反映得最为紧密，最能体现出一个组织与时俱进的创新精神。

2. 模型适用原则与方法

作为一般的文化评估模型适用原则，有很多都与前述威氏风格科研创新团队文化评估模型所倡导的原则大体一致。但是OCAI模型具备以下一些前者没有的原则。

（1）风格匹配原则。

OCAI模型的四种主要特征的组织文化，并不是简单地要求科研创新团队必须按照临时体制式或者部落式组织文化进行建设，而是在当前组织认同的基础上，对应该构建什么样风格的组织文化进行匹配建设。这里也就突出了前期组织文化评估的重要性。

（2）突出效率原则。

作为绩效导向的组织文化评估的方法，OCAI模型突出关注效率是否在组织中得到充分认同和反映。组织的目标实现不能够被延误和懈怠，在文化上必须构建其团队的认同。

（3）与时俱进原则

OCAI模型是评估组织文化变革适应性的工具，因此，它对组织发展是否根据内外部环境变化进行同等应对非常关注。这个工具是自下而上使用，能够发现很多组织发展潜在的危机，即"魔鬼隐藏在细节"。

在简单了解了该模型的适用原则后，针对新建本科院校科研创新团队的文化评估工作，OCAI模型将从以下步骤展开。[①]

第一步，形成组织文化现状与期望的评估表（见表8-3）。

表8-3　组织文化评估工具——现状与期望

	1. 主要特征	现状	期望
A	组织是一个人性化的地方，就像是家庭的延伸，人们不分彼此。		
B	组织具有很高的灵活性和创业精神，人们勇于冒险和承担责任。		
C	组织的功利性很强。人们主要的想法是完成工作，员工的能力很高并且期望成功。		
D	组织被严格地控制且组织严明。人们按照条例办事。		
	总分	100	100
	2. 组织的领导能力	现状	期望
A	组织的领导通常被视为体现了导师、推动者或培育者的作用。		
B	组织的领导风格主要是创业、创新和尝试冒险。		
C	组织的领导风格主要是"没有废话"，具有进取性和高功利性。		
D	组织的领导风格主要是有条理、有组织性，使组织运作顺畅且充满效率。		
	总分	100	100

---

① 特别说明：以下框架表格内容主要来源于金·S. 卡梅隆、罗伯特·E. 奎因：《组织文化诊断与变革》，谢晓龙译，中国人民大学出版社，2006年版。笔者对书中主要量表进行了改造。

3. 员工管理	现状	期望
A	管理风格是团队合作，少数服从多数以及参与性强。		
B	管理风格是个人英雄主义、喜欢冒险、勇于创新、崇尚自由和展现自我。		
C	管理风格具有很强的竞争性，要求和标准都非常严格。		
D	管理风格主要是确保雇用关系，人们的关系是可以预见、稳定和一致的。		
总分	100	100

4. 组织的黏合力	现状	期望
A	组织靠忠诚、互信黏合在一起。人们都具有承担义务的责任感。		
B	人们靠创新和发展结合在一起，走在时代的前端是重点。		
C	成功和完成目标把人们联系在一起。进取和取得胜利是共同的目标。		
D	人们靠正规的制度和政策在一起工作，维持一个顺畅运作的组织是非常重要的。		
总分	100	100

5. 战略重点		
A	组织重视人力资源发展、互信、开诚布公和员工持续的参与。		
B	组织主要寻求新的资源和迎接新的挑战。尝试新的事物和寻求机遇是员工价值的体现。		
C	组织追求竞争和成功，打击对手和在市场中取得胜利是组织的主要战略。		

续表8-3

D	组织希望看到持久和稳定,效率、控制和顺畅的运作是工作重点。		
	总分	100	100
	6. 成功的标准	现状	期望
A	组织对成功的定义为团队合作、员工的贡献和对员工的关怀。		
B	组织对成功的定义是组织是否具有最特别和最新的产品,组织是否是产品领导者和创新者。		
C	组织对成功的定义是赢得市场份额并且打败对手,成为市场的领导者。		
D	组织视效率为成功的基础,相互传递、平稳的工作安排和低成本是至关重要的。		
	总分	100	100

再根据各项打分形成 A、B、C、D 四项在现状和期望状态的总体得分情况(见表 8-4)。

表 8-4　总体得分

现状	
A	＊ ＊
B	＊ ＊
C	＊ ＊
D	＊ ＊
总分	＊ ＊
期望	
A	＊ ＊
B	＊ ＊

C	＊＊
D	＊＊
总分	＊＊

将 A、B、C、D 四种风格的总体得分除以 6，可以看出组织文化现状与期望之间的差距。

第二步，绘制组织文化轮廓。根据 A、B、C、D 的不同得分情况，描绘组织文化轮廓。先从方位来看，A——部落式（左上），B——临时体制式（右上），C——市场为先式（右下），D——等级森严式（左下）。如果新建本科院校科研创新团队体现出适应新情况、快速成长的特点，其文化轮廓如图 8-2 所示：

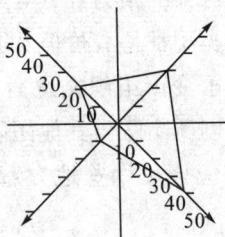

图8-2　文化轮廓

第三步，对比组织的文化轮廓图，开展以下几方面的分析：

一是分析主导新建本科院校科研创新团队的组织文化类型究竟应该是什么。这就需要分析在特定条件下，这种创新组织的文化类型的理想样本，是否如图 8-2 给出的案例图形。

二是分析现状和期望之间的差距。这些差距哪些是合理的，哪些是不合理的，且如何缩小这种差距。

三是分析主导组织的文化强度。文化轮廓中得分越高，表明这个文化类型的强度越大或者说越具有主导地位。当然，文化类型没有完美的，组织为了获得成功，必须决定自身文化的强度。

四是分析不同组织文化轮廓之间的一致性。新建本科院校科研创新团队可以就其文化轮廓与其他高科技研发机构组织进行比较，看高校内部与社会研究实体之间文化上是否存在一致性，组织文化中是否突出勇于创新等特点。

五是组织轮廓与其他科研创新团队平均的文化轮廓比较。这主要是同实力较强的科研团队的文化轮廓开展比较研究，能够为团队的发展提供有益的经验。

六是组织与潮流趋势之间的对比。这主要是指组织文化发展有一些经常出现的规律性原则，它们代表着潮流和趋势。如随着组织的不断成长，组织文化会不断向等级森严式和市场为先式文化靠拢。一旦发生这种情况，将组织文化改变成上面两个象限的文化类型则需要付出"巨大的精力和领导才能"。

同时，这四种文化类型都是有价值和必要的。对科研创新团队的文化评估目的是了解变革组织文化后所具有的力量和潜力，了解所建设的这个科研创新团队与其他团队在文化上的异同，以及为了达到理想状态，应该从哪些地方着手去实现文化轮廓的改变。

第二节　科研创新团队绩效评估

绩效和绩效评估源于企业中的人力资源管理，20 世纪 80 年代以来，随着西方国家公共管理制度的改革，行政管理分为绩效目标设定、实施、评估和反馈等环节，并逐渐成为新的政府管理制度，有效地改善了政府管理，提高了财政支出效率。各国政府纷纷采用以政府绩效管理为核心、以追求"三 E"（Economy、Efficiency、Effectiveness）的公共管理制度改革，绩效管理也成为公共服务问责的重要内容。绩效评估是绩效管理的基础性、先导性环节，是公共管理的重要手段。

一、绩效评估概述

（一）绩效、团队绩效和团队创新绩效概念

1. 绩效和团队绩效

绩效（Performance）在《牛津现代高级英汉词典》中的释义是"执行、履行、表现、成绩"，《现代汉语词典》中对"绩效"的解释为"成绩、成效"。从语义学的角度来看，绩效包含"绩"和"效"两方面，"绩"是指成绩、业绩等，体现组织、团队或个人的工作目标、职责和结果；"效"是指效果、效益等，包括工作效率、效益、行为过程、发展潜力等，体现组织、团队或个人的品质和素质。

绩效是一个多维建构的概念，观察和测量的角度不同，其结果也会不同。从管理学的角度看，绩效是组织期望的结果，是组织为实现其目标而展现在不同层面上的有效输出，包括个人绩效和组织绩效两个方面。组织绩效来源于各团队绩效的整合，而团队绩效来源于每个员工的合力。因此，组织绩效是建立在个人绩效实现的基础上的，但个人绩效又不能脱离组织与团队的方向。只有所有个体都按照组织和团队的分工所确定的任务、角色并达到了要求，组织绩效才能实现。值得注意的是，组织绩效虽是建立在个人绩效实现的基础上，但个人绩效的实现并不一定能保证组织是有绩效的。如果组织的绩效按一定的逻辑关系被层层分解到每一个工作岗位以及每一个人，只要每一个人都达到了组织的要求，组织的绩效就能实现。但是，组织战略的失误可能造成个人绩效目标实现而组织却失败的后果。

从个体层面上看绩效，主要有三种观点。第一种观点认为

"绩效是结果"，是对特定时间内、由特定的工作职能或活动所创造的产出的记录。如伯纳丁认为："绩效应该定义为工作的结果，因为这些工作结果与组织的战略目标、顾客满意感及所投资金的关系最为密切。"[①]"绩效是结果"的观点在组织所下达的目标非常清晰的情况下是最为有效的。但很多工作成果很难直接量化，且结果易受系统因素影响。所以结果指标不好确定。人们对绩效是工作成绩、目标实现、结果、生产量的观点提出了质疑。第二种观点认为"绩效是行为"，是一套与组织、团队或个体所工作的单位的目标相关的行为。如坎贝尔认为："绩效是行为的同义词，它是人们实际的行为表现并是能观察得到的。"[②]绩效是行为的同义词，它是人们实际的行为表现，并能通过观测而得到。由于行为是可以观测到的，所以说系统因素影响较小，相对比较客观。第三种观点认为"绩效是能力"，是个体的潜在特点，可以通过评估团队完成某项工作所具备的知识和能力来测量团队绩效。

在具体的研究实践中，常用上述几种定义并通过行为和结果共同考核团队绩效。卡曾巴赫（Katzenbach）就曾指出，绩效指行为和结果。行为由从事工作的人表现出来，将工作任务付诸实施。且行为不仅仅是结果的工具，行为本身也是结果，是为完成工作任务所付出的脑力和体力的结果，并能与结果分开进行判断。[③]

从组织层面上看，绩效有广义概念和狭义概念。广义概念认

---

① 卓越：《公共部门绩效管理》，福州：福建人民出版社，2004年版，第222页。

② 卓越：《公共部门绩效管理》，福州：福建人民出版社，2004年版，第222页。

③ Katzenbach J R, Smith D K. The wisdom of teams: Creating the high performance organization [M]. Boston, MA: Harvard Business School Press, 1993.

为，绩效不仅体现在时效、速度、理想的投入产出比上，更主要的是体现在组织的多元目标实现上，是数量和质量的统一，是价值和功效的统一。如英国政府在运用"绩效"概念衡量政府行政活动的效果时即包括经济、效率、效能三项指标，其中"经济"涉及成本和投入之间的关系，"效率"涉及投入和产出之间的关系，"效益"涉及产出和客观效果之间的关系。狭义概念把绩效等同于生产率、效率和效能。如孔茨认为，"生产率"这一概念反映了个人和组织绩效的多个层面，包括效益和效率。他认为效益指的是目标的实现程度，而效率是用最少的资源达到既定的目标。

从经济学的角度看，绩效是员工对组织的承诺。一个人进入组织，必须对组织所要求的绩效做出承诺。这是进入组织的前提条件。绩效与薪酬是员工和组织之间的对等承诺关系，绩效是员工对组织的承诺，而薪酬是组织对员工所做出的承诺。当员工完成了他对组织的承诺的时候，组织就实现其对员工的承诺。这种对等承诺关系的本质，体现了等价交换的原则，而等价交换的原则是市场经济的基本运行规则。由此可见，我们对绩效的管理符合经济学要求。

从社会学的角度看，绩效意味着每一个社会成员按照社会分工所确定的角色承担他的那一份职责。他的生存权利是由其他人的绩效保证的，而他的绩效又保障其他人的生存权利。因此，出色地完成他的绩效是其作为社会一员的义务，他受惠于社会就必须回馈社会。

绩效一般有三种类型。一是指以顾客为中心的绩效，包括产品和服务的绩效，是指关于顾客感觉、反应、行为的测量和指示物，以及相对于顾客的产品、服务特性的测量和指示物，具体包括顾客保留、投诉、顾客调查结果、产品可靠性、服务反应时间等。二是指财务与市场绩效，是关于成本、收入和市场地位的测

173

量，具体包括投资回报、资产负债率、资产回报、运作利润等。三是指运作绩效，是组织上、人力资源和供应商在有效性、效率方面的测量和指示物，具体包括周期、生产率、社区参与等。

从以上角度来看，它们都有一个共同点，就是从人员绩效—部门绩效或项目绩效—组织绩效之间的关系层层分解、归总、达到组织绩效的最大化。所以，在界定绩效的概念时，必须用系统的投入和产出关系来表示。考核绩效时，不仅要考虑有形的投入和产出，还要考虑知识、管理、创新等无形的投入，以及提供服务、提高品质、提升潜能等无形的产出。综上所述，绩效是指个体、团队、组织为了实现预期目标而实施各项活动或项目的过程和结果。团队绩效应该是结果、行为、能力的综合，可以从结果、行为、能力三个方面进行测量。

影响绩效的主要因素有员工技能、外部环境、内部条件、激励效应等。员工技能是指员工具备的核心能力，是内在的因素，经过培训和开发是可以提高的；外部环境是指组织和个人面临的不为组织所左右的因素，是客观因素，组织难以控制；内部条件即客观因素，是指组织和个人开展工作所需的各种资源，在一定程度上能够改变内部条件的制约；激励效应是指组织和个人为达成目标而工作的主动性、积极性，是主观因素。在影响绩效的四个因素中，激励效应最具主动性、能动性。人的主动性、积极性提高了，组织和员工会尽力争取内部资源的支持，同时，组织的管理水平和员工的技能水平将会逐渐得到提高。因此，绩效管理就是通过适当的激励机制激发人的主动性、积极性，激发组织和员工争取内部条件的改善，提升技能水平，进而提升个人和组织绩效。

2. 团队创新绩效

团队创新一般指在团队里有意识地运用某些观点、过程和方法，这些观点、过程或方法有新意，能有效提高团队或组织的绩效。①许多学者指出，团队创新是团队绩效的重要组成部分。因此，团队绩效可以从结果、行为、能力三个方面进行考核，相应的团队创新绩效可以从团队创新结果、团队创新行为和团队创新能力三个方面来衡量。②

（二）绩效评估

在进行绩效评估时，除了要将人们活动的主观行为与客观结果联系起来，还需要考虑管理活动中所强调的绩效评估的另外一些特征：第一，在评估绩效时，必须考虑绩效的数量和质量的结合，或效率与效能的配合；第二，在评估绩效时，必须同时考虑可量化的目标指标和不可量化的目标指标，即指标设计上要做到定量和定性相结合；第三，评估绩效时，必须考虑绩效中目标导向和人性导向的统一，即将组织任务的完成和组织成员对工作的满意程度结合起来。③

对绩效评估的研究广泛地分布于管理学、组织行为学、人力资源管理等学科中，学者们基于各自的研究目的对绩效评估做出了不同的理解和界定，但目前国内外尚无一致公认的定义，现在来看看下面这些定义。④

美国学者史密斯·穆飞认为：绩效评估是组织对雇员价值秩序的决定。

---

① West M A. Role innovation in the world of work [J]. British Journal of Social Psychology, 1989 (8): 305-315.

② 刘惠琴：《高校团队创新绩效评估：模型与实证研究》，北京：清华大学出版社，2007 年版，第 49 页。

③ 彭国甫：《地方政府公共事业管理绩效评价研究》，长沙：湖南人民出版社，2004 年版，第 36 页。

④ 陈振明：《公共管理学——一种不同于传统行政学的研究途径》，北京：中国人民大学出版社，2003 年版，第 274 页。

美国学者朗格斯纳认为：绩效评估是基于事实，有组织地、客观地评估组织内每个人的特征、资格、习惯和态度的相对价值，确定其能力、业务状态和工作适应性的过程。

美国学者韦恩·梦迪和罗伯特·诺埃认为：绩效评估是定期考察和评价个人和小组工作的一种正式制度。

中国学者吴国存认为：绩效评估是对雇员与职务有关的业绩、能力、业务态度、性格、业务适应性等诸方面进行评定与记录的过程。

由此可见，绩效评估包含着丰富的内容，不仅包括"绩效"字面层级上的成绩和效益，还包括对雇员的个性、工作态度、工作适应性、能力、潜能的认定，这些都在一定程度上反映了对绩效评估认识的演进过程。绩效评估也就是对一定时间内个体、团队、组织实现预期目标的过程和结果的评定、估价。

绩效评估是一个综合性的概念，评估的对象既可以是组织行为，也可以是个体行为。根据特定需要，绩效评估的范围既可以是全方位的，也可以是局部性的。绩效评估既可在事前进行，也可在事中、事后进行，通常是对特定部门一段时间以来的工作状况进行事后测定。

绩效评估的核心是成本问题，必须强化以成本为核心，以资源利用效益和管理者目标为特点的内部控制机制。绩效评估并不是一个单一的行为过程，而是由阐明评估的要求与任务、确定评估目的与可量化的目标、建立各种评估标准、根据评估标准进行绩效评估、比较绩效结果与目标、分析与报告绩效结果、应用绩效评估结果改善管理等所组成的行为系统，是一个由许多环节组成的综合的动态过程。

在人力资源管理中，组织对每一位员工明确其工作职责和工作要求，设定合理的目标，使员工向着组织期望的方向努力，定期对员工的工作绩效进行考核或评估，为人力资源规划提供依据并形成客观公正的人事决策，如指导员工晋升、岗位轮换甚至解聘决策，决定哪些员工得到工资提升及其他奖酬，明确员工培训和发展的需要等。绩效评估结果反馈给员工，使其了解组织如何看待他们的工作表现。绩效评估结果可以发现员工的潜力，指明员工的哪些技术和能力已不适合工作需要，但可以通过一些补救方案予以提升，如对组织目标达成有贡献的行为和结果进行奖励，对不符合组织发展目标的行为和结果进行一定的约束，使员工进一步提升能力素质，提高工作绩效并符合组织的发展需要，从而提高团队绩效和组织绩效。

二、绩效评估方法

绩效评估方法是组织绩效考评的具体方法与手段，它直接影响到绩效评估的成效和评估结果的正确性，所以评估方法必须具备信度和效度，且具有代表性，能为组织所接受。信度是指评估结果必须可靠，效度则是指评估达成所期望目标的程度。一种好的评估方法不仅可以鉴别员工的行为差异，还具有普遍性，使评估者做出最客观的评价。

新建本科院校科研创新团队的绩效评估是一项复杂的工作。科研创新团队的业绩与效率，通常不是单一因素能够表征的，涉及多种属性和因素，包括人、财、物等方面的投入，团队创新气氛、团队领导能力、团队领导行为、团队工作偏好、组织内环境、团队发展阶段等方面的表现，自身内涵建设的提升和今后可持续发展的潜力，其中诸多属性是难以直接衡量的柔性指标。因此，新建本科院校科研创新团队的绩效评估是一项复杂的多属性综合评估工作，涉及评估方法主要有多属性综合评估法、数理统计法、因素综合评分法、主成分分析法、数据包络分析法、层次分析法和模糊综合评估法等几种常用的绩效评估方法。[①]

(一)多属性综合评估法

多属性综合评估是指根据评估对象的多个属性与特征,采用一定的方法,对评估对象做出全局、整体的价值判断,即对多因素相互作用下评估对象的综合评判。因此,多属性综合评估是将反映评估对象的多个属性的信息加以汇总,得到一个综合指标,以此整体上反映评估对象的情况。在多属性综合评估中,由于评估对象的属性与特征是多元的,不同属性的重要程度不同,且评估对象在有的属性上是主观、抽象的,难以用数量化的形式直接描述,因此,多属性综合评估是一项极为复杂的工作。

1. 综合评估的一般模型

在多属性综合评估中,首先需要针对评估对象构建评估指标体系,各项指标的内涵表示评估对象的不同属性与特征,各项指标的权重表示其对上级指标的贡献和作用大小。其次,对评估指标体系中的各项末级指标(也称为观测点)进行价值判断,由此实现将评估总目标的价值评判工作转换为对各项末级指标的价值评判工作。最后,根据各项末级指标的价值大小、指标体系的结构、各项指标的权重等合成为评估对象的总价值。

对于评估对象 S,如图 8-3 所示的树状层次结构的评估指标体系由 n 项一级指标 v_1, v_2, $\cdots$, v_n 组成,分别描述了评估对象的不同属性与特征;各项指标的权重分别为 w_1, w_2, $\cdots$, w_n,表示各项指标的相对重要程度,而且通常情况下权重是归一化的,即满足 $w_i \geqslant 0$ 且 $\sum w_i = 1$。假设评估对象 S 依照评估指标体系中的各项一级指标的价值大小分别为 x_1, x_2, $\cdots$, x_n,

---

[①] 王奇、冯晖:《高等教育绩效评估研究》,北京:高等教育出版社,2012年版。

记 $X=(x_1, x_2, \cdots, x_n)$，$W=(w_1, w_2, \cdots, w_n)$，通过构造合成函数 f：

$$y=f(X, W) \tag{8.1}$$

使得评估对象 S 在 $f(X, W)$ 的作用下能够得到其总价值的度量结果 y。因此，多属性综合评估的实质是如何科学、客观地将一个多维空间中的向量综合为一个单指标的形式。如果有多个评估对象，根据不同评估对象的总价值大小，可以得到所有评估对象的排列序位，或者将所有的评估对象划分为若干个等级。

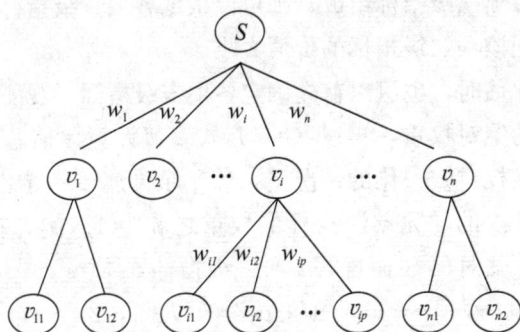

图 8—3　评估指标体系的结构

例如，最常用的线性加权模型就是在权重归一化的情况下，将各项指标价值的加权之和作为评估对象的总价值：

$$f(X, W)=XW^T=x_1w_1+x_2w_2+\cdots+x_nw_n \tag{8.2}$$

综合评估中将多指标数据合成为评估对象的总价值是一个逐级合成的过程。构建评估指标体系是将评估对象进行自上而下的逐层分解过程，直到可以直接测量或人为评判的末级指标为止。同时，在分解过程中一般也需要确定每项下级指标对上级指标的贡献和作用大小，即确定各项指标的权重。多指标数据合成处理则正好相反，是按照评估指标体系的层次结构，自下而上将若干个同属于一个上级指标、处于同一层次的"兄弟"指标的价值合成为其"父节点"的价值，直到最后合成为评估对象的总价值。

因此，按照（8.1）式进行综合评估时，如果指标 v_1，v_2，…，v_n 表示指标体系中的一级指标，则 y 为评估对象的总价值。如果某项指标 v_i 又由 v_{i1}，v_{i2}，…，v_{ip} 等多项二级指标组成，各项二级指标的价值大小分别为 (x_i)，相应的权重分别为 w_{i1}，w_{i2}，…，w_{ip}。记 $X_i = (x_{i1}, x_{i2}, …, x_{ip})$，$W_i = (w_{i1}, w_{i2}, …, w_{ip})$，则通过（8.1）式得到的 $f(X_i, W_i)$ 为评估对象在一级指标 v_i 上的价值大小 x_i。同理，如果某项二级指标由多项三级指标组成，则可以根据各项三级指标的价值与权重，得到该项二级指标的价值大小。

综合评估时，也可以首先确定各项末级指标（观测点）对评估总目标的绝对权重，再以（8.1）式直接计算评估总目标的价值大小。在权重归一化的情况下，若干项同属于一个上级指标、处于同一层次的"兄弟"指标的权重之和为 1。例如在图 8-3 中，对于评估对象 S 而言，n 项一级指标 v_1，v_2，…，v_n 的权重之和 $w_1 + w_2 + … + w_n = 1$（$w_i \geq 0$；$i = 1, 2, …, n$）；对于一级指标 v_i 而言，p 项二级指标 v_{i1}，v_{i2}，…，v_{ip} 的权重之和 $w_{i1} + w_{i2} + … + w_{ip} = 1$（$w_{ij} \geq 0$；$j = 1, 2, …, p$）。因此，一级指标 v_i 的权重 w_i 表示指标 v_i 对评估总目标的贡献和作用大小，一级指标 v_i 下属的二级指标 v_{ij} 的权重 w_{ij} 表示二级指标 v_{ij} 对一级指标 v_i 的贡献和作用大小，因此，二级指标 v_{ij} 对评估总目标的贡献和作用大小为 $w_i \times w_{ij}$。同理，可以确定指标体系中所有末级指标对评估总目标的绝对权重，根据各项末级指标的价值大小和绝对权重，由（8.1）式可以直接计算评估对象的总价值。

2. 常用综合评估方法

在系统科学的管理中，决策是管理工作的实质与核心，评估（也称为评价）是决策的前提与依据，评估的质量和评估结果的科学性、合理性与否直接影响决策的成败，由此可见，评估在系统决策和管理中的重要作用。目前已有多种综合评估方法，如表 8-5所示，各种综合评估方法广泛地应用于经济、社会、教育、科技、工程等管理领域，并取得了显著的效果。

表 8-5　常用综合评估方法

方法类别	方法名称	方法简要描述
专家评估方法	专家会议法	组织专家面对面交流，通过讨论形成评估结果
	德尔菲（Delphi）法	征询专家，背靠背评估，汇总、收敛
技术经济分析方法	经济分析法	通过价值分析、成本效益分析、价值功能分析进行评估
	技术评估法	通过可行性分析、可靠性评估等进行评估
多属性决策方法	多属性和多目标决策法（MODM）	通过化多为少、分层序列、直接求非劣解、重新排序法等来排序与评估
运筹学方法	数据包络分析法（DEA）	以相对效率为基础，按多指标投入和多指标产出，对同类型单位相对有效性进行评估
统计分析方法	主成分分析法（PCA）	对原始变量相关矩阵进行分析，找出若干个不相关的综合指标用线性表示原始变量，用较少的指标来代替较多的指标，并尽可能反映原指标的信息
	因子分析法	根据因素相关性大小把变量分组，使同一组内变量的相关性最大
	聚类分析法	通过计算评估对象或指标间的距离或相似系数进行聚类
	判别分析法	计算指标间距离，判断所归属的主体

方法类别	方法名称	方法简要描述
系统工程方法	关联矩阵法	确定评估对象与权重，对各替代方案有关评估项目确定价值
	层次分析法（AHP）	对多层次结构的系统，用相对量的比较确定多个判断矩阵，取其特征根所对应的特征向量作为权重，综合得出总权重并排序
模糊数学方法	模糊综合评估法（FCE）	引入隶属函数，将人类的直觉以数值表示，构成模糊综合评估矩阵，并将约束条件量化表示，进行数学解答
智能化评估方法	人工神经网络评估（ANN）法	通过人工神经网络的BP算法，学习或训练获取知识，并存储在神经元的权重中。通过联想重现相关信息，能够"揣摩""提炼"评估对象的客观规律，进行相同属性评估对象的评估
灰色理论与灰色综合评估方法	灰色关联度评估法	根据各评估对象的各特征参量序列曲线间的几何相似或变化态势的接近程度，判断其关联程度的大小，根据各评估对象与最优对象的关联度大小进行排序
	灰色聚类分析法	

　　上述综合评估方法大致上可以分为基于数据的客观评估法、基于专家知识的主观评估法和基于数据与专家知识的主客观结合评估法，而且每一种评估方法都有一定的数学模型。有的评估方法是对多个评估对象给出相对价值差异的评估结果，如主成分分析法。有的评估方法可以针对单个评估对象进行评估，如专家评估法等。有的评估方法可以在指标属性值的规范化处理过程中实现多个评估对象价值的相对评估。

　　由于不同的综合评估方法的机理不同，解决问题的思路不同，每一种评估方法都有不同的特性，难免存在一定的局限性和不足，因此，不同的评估方法有不同的适用场合，很难找到甚至根本就不存在一种完美无瑕、适用于任何场合的综合评估方法。对一个复杂的评估对象进行评估，评估结果不仅要受到评估指标体系及所遴选的专家群的影响，还与评估方法的选择密切相关，甚至还要受到同一种评估方法中的某些细节的影响。对同一组评估对象选用不同的评估方法，可能导致评估结果存在差异，甚至大相径庭。针对多种评估方法得出的评估结果不一致的问题，近年来学术界提出了"组合评估"的研究思路，通过多种评估方法的组合，将不同的评估方法整合在一起并加以改造，以期达到消除差异、取长补短的效果，并从多角度全方位地反映评估对象的全貌。如将模糊集理论引入 MODM 构成模糊决策方法，将 AHP 和 DEA 方法相结合，将 AHP 和 FCE 相结合，将灰色理论和模糊数学将相结合，将神经网络应用于 FCE 等。

新建本科院校科研创新团队的绩效评估可以借鉴各种综合评估方法，其评估指标体系可以由团队创新气氛、团队领导能力、团队领导行为、成员创新能力、成员创新行为、团队工作偏好、团队一致性、团队规模、组织内环境、团队发展阶段与学科团队类型等方面构成。[①]

（二）数理统计法

所谓数理统计法，是指运用主成分分析、因子分析、聚类分析、差别分析等数理统计方法，对一些对象进行分类和评判。数理统计分析法是一种不依赖专家判断的客观分析，可以有效地排除评价过程中一些人为因素的干扰和影响，其结果不仅适合复杂事物的集合数学分析，对于解决方案排序和方案决策也十分有效。

---

① 刘惠琴：《高校团队创新绩效评估：模型与实证研究》，北京：清华大学出版社，2007 年版，第 49~50 页。

要建立新建本科院校科研创新团队的绩效评估体系，使评价方案最优化，必须依赖科学分析方法。数理统计分析法不仅适合众多评价指标间彼此相关程度较大的决策系统研究，而且有助于各种评价方案制定过程中的比较研究。要建立科学、规范的绩效管理评价系统，需要有一个科学分析和科学决策的过程，就是要在研究建立绩效管理评价系统过程中，对各种可供选择的行动方案进行系统的比较、分析、整合，以便得到最优化的方案。

新建本科院校科研创新团队的绩效管理评价体系的科学分析和科学决策程序有四个基本步骤。一是收集必要信息，使评价体系方案的研究建立在各种信息资料完备和准确可靠的基础上。二是确定工作目标，根据实际情况研究确定绩效管理评价体系要解决的主要问题和服务的主要对象。三是拟定可行方案，从绩效管理评价体系基本目标、可行性研究入手，多种角度分析并提出建立体系的具体方案。四是检验并改进方案，绩效管理评价体系涉及面广、技术复杂，必须组织测试研究和实证分析以及必要的试点，对方案进一步检验并根据实际变化不断改进。

（三）因素综合评分法

因素综合评价是对组织的综合效果所做的整体性评价，这种评价不是孤立地对组织的技术、经济、社会某一方面或某一指标进行评价，而是对整体各方面指标的综合性评价。综合性评价一般首先是根据用户要求确定评价项目，即确定用哪些指标或因素来进行衡量或评比；然后确定各项目的重要程度和满足程度并制定评价标准，即分析该部门按评价标准能否满足或实现评价项目的要求；最后，根据评价项目满足程度综合判定部门的总体价值，并选择整体价值最大的部门为最佳部门。表 8−6 给出了影响组织绩效的主要因素，表 8−7 则给出了各影响因素的评分范围。

表 8-6　因素评分法

序号	评价因素	评价子因素	部门/单位				得分
			A	B	C	D	
1	组织管理	组织结构的合理性要求、组织的分工与协调、组织工作效率					
2	过程管理	服务流程管理、流程再造能力、业务流程规范					
3	运作绩效	质量管理水平、成本效益比率					
4	信息技术水平	信息技术使用率、计算机应用能力、办公自动化					
5	人力资源管理	员工福利与满意度、员工的激励与约束、员工的平均受教育程度、管理人员的综合素质指数					
6	顾客满意度	顾客导向度、服务质量、产品质量					
7	环境协调能力	社会贡献率、社会责任成本率、社会积累率					
总　评							

表 8-7　因素测评等级评分表

等级分数	很满意	较满意	一般	不满意	很不满意
5 分制	5	4	3	2	1
10 分制	10	8	6	4	2
100 分制	100	80	60	40	20

1. 加法评分法

加法评分法是根据不同产品的具体情况，确定评价的指标体系，将各个评价指标按实现程度分为若干等级，并明确各等级的评分标准，然后按标准对各部门进行打分，累加部门各项目得分，总分最高者即为最优部门。其公式为：

$$S = \sum S_j \qquad (8.3)$$

式中，S——因素评价值；

S_j——第 j 项因素分值。

2. 加权评分法

加权评分法与加法评分法类似，不同点是评分标准只简单分为几等，各部门按项目评价等级打分后，不是将得分累积简单相加，而是先确定各因素的权重，然后以加权求和作为部门总得分，再根据总分高低确定部门优劣。加权评分法的公式为：

$$S = \sum \lambda_j S_j \qquad (8.4)$$

式中，S——因素评价值；

λ_j——第 j 项指标的加权系数，是该项指标在所有指标中所占的比重，$0 \leqslant \lambda_j \leqslant 1$，$\sum \lambda_j = 1$；

S_j——第 j 项因素分值。

（四）主成分分析法

主成分分析（Principal Component Analysis，PCA）是一种多元统计分析方法，其中心思想是通过一定的数学变换，将新变量表示为原变量的线性组合，并选取少数几个在变差总信息量中比例较大的主成分来分析事物。主成分在变差总信息量中的比例越大，在综合评估中的作用也越大。主成分分析法可消除评估指标之间的相关性，而且可以降低由大量相关的变量组成的数据集的维数。

实施主成分分析法，一般包括指标属性值的规范化处理、构建相关系数矩阵、计算相关系数矩阵的特征根与特征向量、确定主分量的数量和合成主分量等步骤。

主成分分析法不但可以计算出各评估对象的相对价值的大

小，还可以作为一种确定指标权重的方法。采用主成分分析法确定各项指标的权重，是根据评估对象的客观数据生成指标的权重，无须人为对各项指标的重要程度进行主观赋值，因此是一种客观赋权法。不过，采用主成分分析法得到的指标权重是与评估对象集有关的，如果评估对象的指标属性值发生变化，得到的指标权重也会发生相应的变化，而且主成分分析法是根据各项指标属性值的差异程度来确定指标权重的，由此得到的指标权重与实际情况未必相符。

（五）数据包络分析法

数据包络分析（Data Envelopment Analysis，DEA）是由美国运筹学家 A. Charnes 和 W. Cooper 以相对效率概念为基础发展起来的一种系统分析方法。DEA 方法将同一类型的部门或单元当作决策单元（Decision Making Unit，DMU），根据决策单元的多个输入和多个输出数据，应用数学规划的方法评估决策单元的相对有效性。决策单元的输入是指决策单元在某种活动中需要消耗的投入量，如资金、人力、物质等；输出是指决策单元经过一定的输入之后产生的表明该活动成效的产出量，如产品数量、经济效益等。因此，为了提高决策单元的效益，输入越小越好，输出越大越好。

常规的评价方法需要将决策单元的输入和输出指标进行比较，并通过各项指标的权重得到一个综合评分，以此评判各决策单元的效益优劣情况。DEA 方法巧妙地构造了目标函数，通过数学变换将分式规划问题转化为线性规划问题，无须给定各项指标的权重，而是通过最优化过程来确定权重，从而对决策单元的评价更为客观。因此，DEA 方法属于数学、运筹学、数量经济学和管理科学等学科交叉的研究内容。DEA 不仅可以得出每个决策单元的相对效率，确定有效的决策单元（即相对效率较高的决策单元），而且可以利用"投影原理"进一步分析各决策单元非 DEA 有效的原因及其改进的方向，从而为决策者提供重要的管理决策信息。

DEA 的基本模型是由 A. Charnes、W. Cooper 和 E. Rhodes 等人提出的，因此以三位提出者姓氏的首个字母表示模型的名称，称为 CCR 模型，简记为 C^2R 模型。

数据包络分析法自从问世以来，就得到众多学者的关注，理论研究也不断深入。有学者针对实际生产活动中经济活动的多样性，决策者在评估活动中的作用不同，评估主体关注的范围不同等，在 C^2R 模型的基础上，进一步发展和派生出一些新的 DEA 模型，如 C^2GS^2 模型、FG 模型、ST 模型、C^2WH 模型等。随着 DEA 的理论与方法体系的不断完善和发展，其应用范围也日趋广泛。

（六）层次分析法

层次分析法（AHP）是美国著名运筹学家、匹兹堡大学萨蒂（Saaty）教授于 20 世纪 80 年代提出的定性分析和定量分析相结合的系统分析方法，是决策中方案选择的有力工具。

AHP 本质上是一种决策思维方式，它把复杂的问题分解为各组成因素，将这些因素按支配关系分组以形成有序的递阶层次结构，通过两两比较判断的方式，确定每一层次中因素的相对重要性，然后在递阶层次结构内进行合成，根据决策因素对于目标的重要性得到总顺序。层次分析法体现了人们决策思维的基本特征——分解、判断、综合，它根据多目标决策问题的性质和要实现的总目标，将问题分解为不同的组成因素，并按照因素间的相互关联影响以及隶属关系将因素按不同层次聚集组合，形成一个多层次的递阶层次结构。其中，最高层为解决问题的总目标，称为目标层；若干中间层为实现总目标所设计的中间措施、准则，称为准则层；最底层为解决问题所选用的各种方案，称为方案层。相邻上下层元素之间存在着特定的逻辑关系，将上层次的每一个元素与同它有着逻辑关系的下层元素用直线连接起来，就构成了递阶层次结构模型（如图 8-4 所示）。这样，最终把多目标决策问题归结为最底层（各种方案）相对于最高层（总目标）的相对重要性权值的确定或相对优劣次序的排序问题。在排序计算中，每一层次的因素相对上一层次某一因素的单排序问题，又可简化为一系列成对因素的判断比较。为了将比较判断定量化，层次分析引入 1~9 比率标度方法，并写成矩阵形式，即构成所谓的判断矩阵。形成判断矩阵后，即可通过计算判断矩阵的最大特征根及其对应的特征向量，计算出每一层次中元素相对于上一层次某一元素的相对重要性权值，且通过对各层次的综合，进而得出目标层的总排序权重，即得出最底层因素相对于最高层的相对重要性权值或相对优劣次序的排序值。

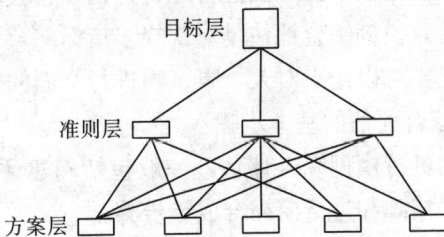

图 8-4　递阶层次结构模型

这种将思维过程数学化的方法，不仅简化了分析和计算，还有助于决策者保持其思维过程的一致性。在一般决策问题中，由判断矩阵特征根的变化可反映出来决策者的判断具有不一致性。因而可用判断矩阵最大特征根以外的其余特征根的负平均值作为一致性指标，用以检查和保持决策者判断思维过程的一致性。

层次分析法的基本步骤：①确定评价指标集；②确定指标权

重集；③确定评价集；④确定模糊评价矩阵；⑤建立模糊评价模型；⑥求出模糊综合评价值。

（七）模糊综合评估法

模糊综合评估（Fuzzy Comprehensive Evaluation，FCE）是借助模糊数学的一些概念，应用模糊关系合成的原理，将一些边界不清、不易定量的因素定量化，从多个因素对评估对象隶属等级状态进行综合评估的一种方法。客观世界中存在大量的模糊概念和模糊现象，如人们无法划定一个严格的年龄界限的"年轻"与"年老"，也难以明确划分"高"与"矮"、"胖"与"瘦"、"冷"与"热"、"美"与"丑"之间的界限，在教育领域中同样也有许多类似的模糊现象，如办学水平和办学效益的"高"与"低"、教学质量的"好"与"差"、师资队伍的"强"与"弱"、学校发展速度的"快"与"慢"等都难以明确区分其界限，而应用模糊数学的方法进行综合评估，将会取得更好的实际效果。因此，模糊综合评估是对常规多指标综合评估方法的一种改进和补充，可以用来对人、事、物进行全面的定量评估。

1. 模糊综合评估的基本步骤

对某事物进行模糊综合评估，一般包括构建评估指标体系、构造模糊关系矩阵和进行模糊合成等步骤。

（1）构建评估指标体系。

如同常规的综合评估方法，对某个评估对象实施模糊综合评估，首先需要构建评估指标体系，但模糊综合评估中的指标体系有其特殊性，主要包含评估因素、权重和评估等级三个方面的内容。

评估因素是指从哪些方面来认识和评判评估对象，相当于常规综合评估方法中的评估指标，所有的评估因素构成了因素集 $U = (u_1, u_2, \cdots, u_n)$。当评估学校对社会的贡献和作用时，大多是根据学校在人才培养、科学研究、服务社会等方面的履职情况进行评判，因此因素集为 $U=$（人才培养，科学研究，服务社会）。那么，新建本科院校科研创新团队的绩效评估的因素集为 $U=$（团队创新气氛、团队领导能力、团队领导行为、成员创新能力、成员创新行为、团队工作偏好、团队一致性、团队规模、组织内环境、团队发展阶段、学科团队类型）。

　　权重体现了评估因素刻画评估对象特征的相对重要程度，各项评估因素的权重构成了权重向量 $\boldsymbol{W}=(w_1, w_2, \cdots, w_n)$，通常情况下权重是归一化的，即满足 $0 \leqslant w_i \leqslant 1$ 并且 $\sum w_i=1$。例如，评估某一类学校对社会的贡献和作用时，通过专家讨论或者德尔菲咨询等方法，确定人才培养、科学研究和服务社会等评估因素的权重向量为 $\boldsymbol{W}=(0.6, 0.25, 0.15)$。

　　评估等级是各项评估因素刻画评估对象特征认识范围的一个有序分割，实质上是评估对象在各项评估因素上属于等级状态的可选标准，所有可选的评估等级构成了评语集 $V=(v_1, v_2, \cdots, v_m)$。例如，评估学校对社会的贡献时，人才培养、科学研究和服务社会等评估因素的评语集可以为 $V=$（优，良，中，差，劣）。

　　（2）构造模糊关系矩阵。

　　模糊关系矩阵 $\boldsymbol{R}$ 的形式为

$$\boldsymbol{R}=\begin{bmatrix} R_1 \\ R_2 \\ \vdots \\ R_3 \end{bmatrix}=\begin{bmatrix} r_{11} & r_{12} & \cdots & r_{1m} \\ r_{21} & r_{22} & \cdots & r_{2m} \\ \vdots & \vdots & \vdots & \vdots \\ r_{n1} & r_{n2} & \cdots & r_{nm} \end{bmatrix} \tag{8.5}$$

　　构造模糊关系矩阵 $\boldsymbol{R}=(r_{ij})_{n \times m}$ 是模糊综合评估的基础，模糊关系矩阵中的元素 r_{ij} 称为隶属度（Degree of Membership），是指评估对象根据因素集中的评估因素 u_i（$i=1, 2, \cdots, n$）对应于评语集中的评估等级 v_j（$j=1, 2, \cdots, m$）的可能性。

一般要求隶属度是归一化的，即满足 $0 \leqslant r_{ij} \leqslant 1$ 并且 $\sum\limits_{j=1}^{m} r_{ij} = 1$。

（3）进行模糊合成。

模糊关系矩阵中不同行的向量反映了评估对象在不同评估因素上对各个评估等级的隶属程度，结合各项评估因素的权重。将模糊关系矩阵中的各个元素进行综合，得到的模糊综合评估结果向量，反映了评估对象在总体上对各评估等级的隶属程度。

$$\boldsymbol{B} = \boldsymbol{W} \otimes \boldsymbol{R} = (b_1, b_2, \cdots, b_m) \tag{8.6}$$

这就是模糊综合评估的基本模型，其中符号"$\otimes$"表示合成算子。

如果模糊综合评估结果向量不是归一化的，则对合成结果进行归一化处理，得到

$$\boldsymbol{B}' = (b_1', b_2', \cdots, b_m') \tag{8.7}$$

其中

$$b_j' = \frac{b_j}{\sum\limits_{i=1}^{m} b_i} \tag{8.8}$$

最终的模糊综合评估结果向量的元素 $b_j' = (j = 1, 2, \cdots, m)$ 表示评估对象在总体上对应于评估等级的程度。因此，向量形式的评估结果全面反映了评估对象在各个评估等级上的分布状态。

2. 模糊综合评估中的若干问题

模糊综合评估法在各行各业中得到了广泛的应用，并取得了显著的效果，但模糊综合评估法也不乏误用甚至滥用的情况，因为模糊综合评估法中存在诸多潜在的细节，如果生搬硬套或处理不当，则会导致错误的结果。

（1）隶属度的确定。

根据评估对象的实际情况，确定某项评估因素 u_i 对应于评语集中各个评语等级 v_j 的隶属度 r_{ij}，最常用的方法有比重法和

隶属函数法。

①比重法。比重法是人们在各项评估因素对评估对象属于哪个评估等级做出主观评判的基础上，把某项评估因素将评估对象评判为某个等级的人数在全部评判人数中的比例作为 r_{ij}。

采用比重法确定各项评估因素的隶属度时，首先，评语集 V 中的元素个数 m 要恰当。如果 m 过少，则等级划分得过于粗糙，增加了人们评判结果的随机性；而如果 m 过多，也可能会超出人们心理实际能够区分的能力。根据心理学的知识，人们对同一属性的区分能力一般不超过 9 个等级，因此评语集中的等级数量以 4~7 个为宜。其次，参加评判的人数要足够多，并且具有广泛的代表性。如果人数较少，显然会造成隶属度的随机性和偶然性，只有人数较多，隶属度才能趋向稳定。

②隶属函数法。隶属函数法是指以评估因素在评估对象中的实际属性值作为变量，选用某一个数学函数，变化为 ［0，1］ 范围内的结果作为隶属度。

（2）合成算子的选取。

模糊合成是模糊综合评估中十分重要的一个环节，影响着综合评估的结果。模糊合成中的合成算子有多种选择，如最常用的合成算子有模糊数学的创始人扎德（Zadeh）提出的取小"∧"和取大"∨"算子，也称为扎德算子；普通乘法"×"和加法"＋"算子；普通乘法和取大算子；取小和普通加法算子等。在实际运用中，需要结合实际问题选取合适的合成算子。

（3）评估结果向量的理解。

与常规的多指标综合评估方法相比，模糊综合评估得到的评估结果是一个向量，而不是一个数值。向量本身比较客观地反映了评估结果的模糊性，向量的各个元素有序排列，分别表示评估对象属于相应评估等级的可能性。例如，评估结果向量 $B =$ （0.1，0.8，0.05，0.03，0.02）中，由于评估对象的整体价值属于评语集中第 2 等级的可能性为 80%，远大于属于其他等级的可能性，因此直观地反映了该评估对象明显处于第 2 等级；而对于 $\boldsymbol{B}=$ (0.1, 0.4, 0.35, 0.1, 0.05)，则直观地反映了评估对象基本处于第 2 等级和第 3 等级之间。

①最大隶属度原则。最大隶属度原则是把评估结果向量的各个元素中最大值所处的位置对应的评估等级，作为评估对象的最终评估结论，即如果 $\max(b_1, b_2, \cdots, b_m)=b_p$，其中 $1 \leqslant p \leqslant m$，则评估结论即为第 p 等级，这是理解模糊综合评估结果向量的最常用的方法。在归一化的评估结果向量中，b_j 反映了评估对象的评估结论为评语集中第 j 等级的可能性。因此，只有当 $\max(b_1, b_2, \cdots, b_m)$ 足够大时〔如 $\max(b_1, b_2, \cdots, b_m) \geqslant 0.7$〕，评估对象不处于第 p 等级的可能性（$100\%-b_p$）较小，由此认定评估对象处于第 p 等级的把握才足够大，最大隶属度原则才比较有效。

②置信度原则。评估结果相量有时不能满足使用最大隶属度原则的有效条件，如 $\max(b_1, b_2, \cdots, b_m) < 0.7$，如果贸然使用最大隶属度原则，其结论势必难以令人信服，这时通常采用置信度原则，即在评估结果向量的理解中设置信度 λ（一般要求 $0.5 \leqslant \lambda \leqslant 1$），如果

$$k = \min\{k \mid \sum_{j=1}^{k} b_j \geqslant \lambda\} \tag{8.9}$$

则评估结论为评语集中的第 k 等级。

使用置信度原则的前提条件是评语集中的各个评估等级必须为同语义类型、可相互比较并且依次有序的，即满足 $v_1 > v_2 > \cdots > v_m$（或者 $v_1 < v_2 < \cdots < v_m$），其中符号 "$>$" 表示大于、优于、好于、强于等，如评语集 V 为优、良、中、差、劣（很好、较好、一般、较差）等。

置信度原则实质上是把评估等级的有序分割结果归结为

"优"与"劣"，或者"强"与"弱"两大类，要求结论为"优"或"强"等级的可能性必须占相当大的比例。采用置信度原则时，置信度 λ 的选择对结果是敏感的。

在归一化向量中，如果 $\max (b_1, b_2, \cdots, b_m)$　［如$\max (b_1, b_2, \cdots, b_m) \geqslant 0.7$］足够大，则除了 b_p 之外的其余分量均必较小，这时采用置信度原则的结果与采用最大隶属度原则的结果是一致的。

③加权平均原则。如果多个评估对象同时进行模糊综合评估，每个评估对象都得到一个评估结果向量，为了比较不同评估对象的价值大小，通常采用加权平均原则，及对评语集中的各个评估等级 v_j 分别赋值 c_j（$j=1, 2, \cdots, m$），并以评估结果向量中各个元素 b_j 与相应的赋值 c_j 的加权平均值作为评估对象的最终评估结果：

$$A = \frac{\sum_{j=1}^{m} b_j^k \times c_j}{\sum_{j=1}^{m} b_j^k} \tag{8.10}$$

其中 K 为正整数，在各个评估等级的赋值中，要求按照各个等级的 $v_1, v_2, \cdots, v_m$ 的优劣、强弱次序，赋值结果满足 $c_1 > c_2 > \cdots > c_m$（或者 $c_1 < c_2 < \cdots < c_m$）。通常 A 是一个非整数，把 A 作为等级参考值，对照即（$c_1, c_2, \cdots, c_m$）可确定评估对象的等级结果。

在归一化向量中，除了最大分量 b_p 之外的其余分量 b_j（$j \neq p$）均必小于 1，这时随着 K 的增大，b_j^k 越来越趋向于 0。因此，当 K 达到一定程度时，采用加权平均原则的结果与采用最大隶属度原则的结果是一致的。

为了尽量避免主观因素影响评估结果，在对多个评估对象的模糊综合评估结果向量进行比较时，最好先采用置信度原则等方法大致确定各个评估对象的等级，进而在同等级的评估对象的结果向量中，采用加权平均原则比较评估对象的优劣程度，并采用不同的 K 和 c_j 值进行比较。

（4）多级模糊综合评估。

在模糊综合评估过程中，当评估因素较多，致使各项评估因素的权重较小时，采用扎德算子会丢失大量的信息，得出的结果具有片面性。因此，在评估因素较多时，一般将评估因素按其属性分成若干类，形成多级评估因素，然后对每一类因素分别进行模糊综合评估，在此基础上再逐步进行上一级的综合评判。

①将评估因素集 U 中的所有因素按属性划分为 s 个互不重叠的评估因素大类，$U=(U_1, U_2, \cdots, U_s)$。

②对每一类评估因素 U_k（$k=1, 2, \cdots, s$）分别进行模糊综合评估。

③将多级评估因素进行合成。多级模糊综合评估的实质是"放大"了各项评估因素的权重。例如，将所有的评估因素分类后，某类内有 3 项评估因素，权重分别为 0.1、0.05 和 0.05。如果不采用多级模糊综合评估，这么小的权重在取小的过程中，极可能会淹没所有的隶属度；如果采用多级模糊综合评估，将这3 项评估因素的权重重新进行归一化处理，相应的权重调整为 0.5、0.25 和 0.25，相当于将该类内所有评估因素的权重都放大了 5 倍，避免了在取小的过程中淹没相应的隶属度。

二、绩效评估指标设计原则

绩效评估指标体系的设计是新建本科院校科研创新团队绩效评估工作中的核心内容，它是一项政策性和技术性要求都比较高的工作。设计科学合理的评估指标体系，需要明确评估指标体系的特性、评估指标体系的设计方法、评估指标体系的设计原则等方面的内容。

（一）评估指标体系的特性

指标是一种具体的、可测量的、行为化的评价标准则，是根据可测或可观察的要求而确定的评价内容。[①] 一般而言，指标不是单一存在的，而是以指标体系的形式呈现的，它是由多个一级或多级指标及其权重和具体评价尺度等共同组成的一个具有一定逻辑结构和相互联系的系统化的指标群，该指标群多以串联或并联的形式存在。科学合理的评估指标体系，一般都具有完备性、一致性、独立性、客观性、可测性、区分性、简约性和可比性等特性。[②]

1. 完备性

评估指标体系的完备性是指评估指标体系的内容，要力求能全面地概括评估对象的特征和属性，特别是影响绩效评估的相对重要的因素。新建本科院校科研创新团队绩效评估的内容非常广泛，因此在筛选各级评估指标时，一定要对评估对象的内涵与特征进行深入分析，在评价对象的多种属性中准确把握共同属性，涵盖范围力求全面，将能够真实反映评估对象本质特征的重要指标均纳入指标体系。

当然，指标体系的完备性是相对的，并不是要将所有可能相关的要素一一罗列，全部纳入指标体系，而是科学地选取相对重要的、对绩效评估结果会产生较大影响的要素来建构相对完备的指标体系，以确保评估结果的可信度和准确性。过多的、烦琐的指标相反还可能会降低评估结果的合理性，而且会因指标数量过多增大评估成本，降低评估工作效率。因此，应遵循完备性与精

---

① 陈玉琨：《教育评价学》，北京：人民教育出版社，1999 年版，第 34 页。
② 王奇、冯晖：《高等教育绩效评估研究》，北京：高等教育出版社，2012 年版。

炼性相结合的原则，在注重评估指标体系结构效度和内容效度的基础上，指标体系要少而精，重点选择极具代表性的指标，指标也不能过少，否则会削弱和降低评估的有效性和科学性。但指标体系需抓住反映评估对象本质特征的重要属性。

2. 一致性

一致性就是指指标与目标的一致，绝不能相反或矛盾，而且指标要能充分地反映目标。违背这一原则的指标就会使绩效评估偏离目标，从而产生不良的后果。指标与目标的一致性还包含指标之间的一致性，不能把两个相互冲突的指标放在同一类指标体系中。

3. 独立性

评估指标体系中，每项指标都应该是独立的、可分辨的，亦即各个指标都是独立发挥作用，从某一个角度描述评估对象的状态，并可做出相应价值判断。各项指标既不相互重叠，也不相互矛盾和冲突；指标之间既不存在因果关系，也不存在相互包容的关系。坚持各项指标的独立性，有利于避免因指标重复得分等原因形成偏差，影响绩效评估的整体结果。

强调评估指标体系中各项指标的独立性，并不否认指标之间的关联性。保持各项指标的独立性，主要是要求同一层次上的各个指标之间相互独立，并尽可能地避免明显的包含关系或相互涵盖，力求减少指标间的关联度和重复性。当指标之间存在明显相关关系时，应保留能较好地反映评估指标对象本质的主要因素，舍弃相对次要的因素。这样不仅可以精简指标，保持指标的相对独立性，而且不会丢失必要的信息，确保评估结果的科学性和可信度。

4. 客观性

客观性是指指标体系的设计要从实际出发，客观可行，使每一个指标都具有实际意义。指标定得过高或者过低、过易或者过难，都会导致脱离实际，达不到预期的目标。

5. 可测性

指标体系的可测性是指评估指标内容必须是实际可测的，具有可操作性。可测性包含两层含义：一是评估内容必须具有具体、量化、可比的数据。具体的、可观察的东西越清晰，主观臆断的成分越少，评估者的意见分歧也越小，评估结果也越趋于客观。二是可实施性，即能够采集到这些相关数据或信息，并用可行的方式和方法进行评判。

坚持评估指标的可测性是确保评估对象之间可比性的重要前提条件。坚持评估指标体系的可测性，需要注意数据的可收集性与数据采集的成本或代价。评估数据的真实、完整、有效，对评估结果的影响很大。

6. 区分性

区分性是指评估指标应有可分辨性和使用性，能够把不同评估内容的属性反映出来，能够把不同的评估对象区分开来。坚持指标的区分性是确保绩效评估结果科学性的基本要求之一。

评估指标体系的区分性有两层含义：一是指评估指标体系内的各项指标之间，其评估内容是可分辨的、易于区分的。有的指标的确反映了评估对象的特征与属性，但是不能有效地区分不同的评估对象，对于这些区分性较差的指标应舍去。二是指评估体系的针对性和相对适用性，即不同类型的团队应有不同的评估指标体系，同一指标在不同类型团队中的权重、观测点、评价标准应有所区别。

7. 简约性

简约性是指评估指标体系应重点突出、简明扼要，在保证指标进度的情况下，尽可能地剔除一些次要的、弱相关的指标，最终通过有限的、少而精的指标反映评估对象的特征。

指标体系的简约性不是随意地将评估指标进行删减，保留什么指标、舍弃哪些指标应按照一定的方法进行。一方面要进行目标分析，并借鉴国内外的有关经验，形成基本的评估指标体系框架；另一方面，通过科学计算和分析，得出各项指标的重要性程度、相关度以及指标权重值的大小，再通过提炼、简化处理形成具有简约特征的评估指标体系。

8. 可比性

评估指标体系的可比性是指评估指标应尽可能多地反映团队共有的一致性要素，并将普适性指标和个适性指标有机结合起来，使不同类型、不同层次的团队绩效能进行有效比较。

评估指标体系的可比性要求不同类型团队的评估指标内涵可比、评估数据可比、判断的尺度可比、评估的结果可比。这就对指标内涵的确定、评估原始数据的标准化处理与分析、指标统一衡量标准、把握人为影响的消除等提出了较高的技术要求。为此，评估者必须具备教育管理、教育统计、教育评估和计算科学等多方面的知识和技能。

（二）评估指标体系的设计方法

采用科学的方法进行绩效评估指标体系的设计，是教育评估一项必要的基础性工作。现有的评估指标体系设计方法主要有文献分析法、头脑风暴法、德尔菲法、主成分分析法、聚类分析法、层次分析法等。①

1. 文献分析法

文献分析法又称文献法，是一种非常古老却富有生命力的、相对独立的科学研究方法，是一项相对经济有效的信息获取方式。它在教育科学研究中发挥着重要的作用，也是教育研究过程

---

① 王奇、冯晖：《高等教育绩效评估研究》，北京：高等教育出版社，2012年版，第157~163。

中必不可少的一个重要环节。文献是过去已有事实资料的保存形式，是前人相关工作的成果。文献分析法主要是指收集、整理相关文献，并通过对相关文献的甄别、类比、归纳、分析等，形成对研究对象的初步认识。新建本科院校科研创新团队绩效评估指标体系的设计可以采用文献分析法，对国内外有关的绩效评估指标体系的文献，进行广泛而全面的收集，分析、归纳国内外相关指标体系的构成和优缺点，在此基础上再研制、设计绩效评估的相关指标。

2. 头脑风暴法

头脑风暴法是设计评估指标体系时常用的一种方法，又称专家直观预测法、智力激励法、自由思考法等。"头脑风暴"一词原来是精神病理学上的用语，现在泛指没有限制的自由思考、自由讨论、自由联想等，其目的是产生新观念，激发新思想，提高管理决策的质量与水平。头脑风暴法在运用过程中，多以"设想或方案开发"或"设想或方案论证"为主题，集中组织有关专家以召开专题会议的形式进行，通过专家的自由发言、相互感染、思维共振、引发联想等方式，不断产生独到见解和新奇观点。运用头脑风暴法对新建本科院校科研创新团队绩效评估指标体系的框架提出设想，或对指标体系框架设想进行论证，这是非常不错的方法。通过专家头脑风暴设计出来的绩效评估指标体系将更加科学和客观。

3. 德尔菲法

德尔菲法是 20 世纪 60 年代美国兰德公司设计的一种有效控制地收集专家意见的手段与方法。德尔菲法的实质就是运用专家的个人经验和主观判断，通过不断沟通信息和循环往复的反馈，专家的预测意见渐趋一致，最后形成预测意见或预测结论。因参与咨询的专家互相不见面、不协商，因此又被称为"背靠背咨询法"。德尔菲法主要用于某领域或某个问题的广泛征求意见的普测工作，其运行程序一般是先拟定专家意见征询表，然后选定征询专家并发放意见征询表，通过反复征询专家意见，最后确定预测结论。新建本科院校科研创新团队绩效评估指标体系涉及指标的构成、指标要素的内涵诠释、指标的权重系数设置等一系列工作。运用德尔菲法也是一种很好的方法，该方法简易又不失科学性。它可以最大限度地使专家个人不受外界影响，使他们在没有任何心理压力的前提下，充分发挥创造力和想象力，提出意见和建议。

4. 主成分分析法

主成分分析法亦称主分量分析法，是多元统计方法中的一种定量方法，既可以用来评估多个评估对象的相对价值，也可以用来筛选评估指标，并根据评估对象的采样数据客观生成指标权重。

在构建评估指标体系时，指标如果设置太多，则会增加评估的工作量和分析问题的复杂性。较理想的指标建构状态即指标较少且彼此间相互独立能保持较多的信息量。主成分分析法需要对变量进行变换，把相互依赖的、相关的变量变成独立的、不相关的变量，需要进行复杂的矩阵运算和相关计算。在评估指标体系构建中，变量就是指各项指标。主成分分析法是把给定的一组相关指标通过线性变换，转换成另一组不相关的指标，这些新的指标按照方差依次递减的顺序排列。在数学变换中保持指标的总方差不变，使第一指标具有最大的方差，称为第一主成分；第二指标的方差次之大，并且和第一指标不相关，称为第二主成分。依此类推，N 个指标就有 N 个主成分。所谓主成分，就是指有代表性的新的综合指标。主成分分析主要是利用降维的方法，通过分析和计算，把相关性很高的多个指标，转化成彼此相互独立或不相关的几个少数有代表性的综合指标，以期达到优化指标体系的目的。

5. 聚类分析法

聚类分析法是对给定的事物，按照一定的要求和规律进行分类的数学方法，常用来筛选评估指标等。聚类分析法认为，评估指标之间存在着不同程度的相似性，可根据研究对象的多个观测指标，具体找出一些能够度量指标间相似程度的统计量，以这些统计量作为划分类型的依据，将一些相似程度大的指标聚合为一类，把另外一些相似程度大的指标聚合为另一类，直到把所有指标聚合完毕。

一般在聚类分析中，可根据分类对象的不同分为 Q 型聚类分析和 R 型聚类分析两大类，Q 型聚类分析是对样本进行分类处理，R 型聚类分析是对变量进行分类处理。聚类分析中需要定义对象之间的距离，常见的距离有绝对值距离、欧式距离、明科夫斯基距离、切比雪夫距离等。

6. 层次分析法

层次分析法是一种多目标、多准则的决策方法，在教育评估领域主要解决指标权重系数的确定问题。为确定多层次、多因素指标的权重系数，在经验判断的基础上，采用定性分析与定量分析相结合的方法，依次将每一个层次上的因素按相对重要程度逐一进行比较鉴别，通过构造判断矩阵和计算分析，得出该层次各因素的权重系数等。

层次分析法注重将复杂的系统分解成简明的要素层阶，强调逻辑性和以数学方法处理问题，能够最大限度地降低那些不确定的因素，为决策者提供更加明确的参考信息，因而得到较为广泛的运用。

设计评估指标体系时，并不局限于选用单一的设计方法，可综合考虑或联合使用上述多种方法。

（三）评估指标体系的设计原则

新建本科院校科研创新团队绩效评估指标体系设计一般遵循突出重点与全面系统相结合的原则、动态与静态相结合的原则、共性与个性相结合的原则、定性与定量相结合的原则、可比性与可操作性相结合的原则。[①]

1. 突出重点与全面系统相结合的原则

指标的设计必须覆盖工作任务和责任的所有重要方面和关键领域。某一重要领域的指标缺失，就会产生严重的误导或偏颇，在理论上影响评估体系的科学性和合理性。因此，要合理设计一些关键的指标来综合反映管理的实际绩效水平。绩效指标的设计要在全面和突出重点的基础上进行系统分析，实现整体的最优化。同时，还要做到实事求是，因地制宜，根据自身的实际情况，制定符合自身情况的绩效指标，最终才能反映实际情况。

2. 动态与静态相结合的原则

绩效评估指标体系在指标的内涵、指标的数量以及体系的构成上，均应保持相对稳定性。一方面这种相对稳定性可以产生比较和参考作用。测定可量化工作的工作业绩，数字是最佳的衡量工具，缺乏比较基准的数字资料是没有任何意义的，与其过去的指标结果加以比较，才能显示出绩效的高低。另一方面，它还可以产生预警作用。在积累足够数量的时间序列指标数据后对其进行排序，可以得到某些工作业绩的演化趋势图表，对其进行分析，可以得到具有一定可信度的业绩趋势预测。

3. 共性与个性相结合的原则

新建本科院校科研创新团队绩效评估应遵循高等教育的运行

[①] 王奇、冯晖：《高等教育绩效评估研究》，北京：高等教育出版社，2012年版。

规律和要求。一方面，无论何种层次、何种类型的高校，都是在一定的资源条件保障下发展的，其基本功能大体一致，这些共性特征要求绩效评估指标设计要有统一的共性指标。另一方面，高校又是多样化的、多层次的，在办学理念、办学类型、办学规模、人才培养目标、服务面向等方面，都有具体的定位和要求，设计指标时还应体现不同高校的个性和特色，坚持共性与个性的有机结合。

4. 定性与定量相结合的原则

定量评估注重制定量化指标和明确的评价标准，从数量方面描述、分析和评价教育过程与结果。精确化描述便于计量和横向比较，同时可降低主观随意性的程度，有利于绩效评估的科学化。但新建本科院校科研创新团队的绩效又是一个多维的复合体，不是所有因素都可以量化的，这就需要设计一些定性指标。因此，在进行定量评估的同时，必须辅之以定性的方法，通过归纳、提炼、抽象概括等方式，加以综合分析和评判。在设计指标体系时，坚持定性与定量相结合，使定量指标和定性指标能够相互补充。

5. 可比性与可操作性相结合的原则

新建本科院校科研创新团队的绩效评估还涉及可比性与可操作性。所谓可比性，就是评估指标应具有普通的统计意义，使评估结果能够实现同级和同类间新建本科院校科研创新团队的横向比较和时间上的纵向比较。可操作性是指在满足评估目的的前提下，从实际出发，评估指标概念清晰，表达方式简单易懂，数据来源易于取得。绩效评估要充分考虑操作的方便，并尽可能采用现代信息技术手段，实现评估的自动化与信息化。

第三节　科研创新团队前景评估

科研创新团队的建设与发展具有周期性和阶段性特征，一个具有长远可持续发展的科研创新团队，其发展历程应该是遵循"量变—质变—量变"的螺旋式上升的过程。前面几章重点探讨了一个周期内科研创新团队的建设与发展问题，本节主要在上述研究基础上，探索科研创新团队的前景评估问题，目的在于对科研创新团队的发展方向、内在潜力、预期成果进行前瞻性评估，为科研创新团队的长远可持续发展奠定理论基础和实践指导。

一、研究方向评估

科研创新团队在经过一个周期的建设之后，需要进行全面系统的总结，找出成功的经验和存在的不足，对创新团队下一步建设发展的方向进行梳理与把握，从创新团队的历程中，勾勒出创新团队未来发展的宏伟蓝图。这需要从创新团队建设发展的历程和发展趋势中加以把握，具体来说，应从创新团队前期研究的成效、前期研究的问题中预测创新团队的未来走向，进而明确后续研究的方向。

（一）前期研究的成效

创新团队前期研究成效主要是指创新团队的任务完成情况和创新情况、团队为完成任务所采取的方法，对前期研究成效进行评估，主要应围绕这三个方面的问题展开。

1. 团队任务完成情况

创新团队根据建立之初已经设定的研究的目标任务，对团队任务完成情况进行总结，就是对照任务，看是否存在差距。首先，创新团队每个成员就自身在创新团队中充当的角色、分工、工作情况进行自我总结，包括对自身在研究过程中取得的成绩进行归纳，对自身工作与创新团队之间的关系进行分析，形成文字材料，供创新团队负责人确认和参考；其次，创新团队负责人要将创新团队一个周期之内的研究过程进行系统归纳，包括对研究过程中采取了什么措施、在关键问题上采取了什么办法、遇到了什么困难、解决问题的办法是什么、最终取得了什么成果等问题进行说明，形成文字材料供评估之用。

对团队整体任务完成情况的评估，可以是团队自我评估，也可以是委托"第三方"评估，也可以是二者的有机结合。通过分析评估结果，做出创新团队是否改变或调整研究方向的决策。如果团队超额或者刚好完成了科研任务，则说明创新团队的研究方向正确，可继续沿着该方向发展。如果没有完成科研任务，而造成任务没有得以完成的原因不在于管理或团队成员自身，则说明创新团队的研究方向存在问题，可考虑改变或者调整研究方向；如果在于团队成员自身的问题，则可根据不同情况做出调整，如开展培训、更换成员等。

2. 团队研究成果的创新情况

创新是创新团队的核心任务，也是对创新团队进行评估、确定后续发展方向的关键环节。创新团队负责人要针对创新项目认真梳理，找到成果的创新之处。要实事求是地分析创新点，在分析成果的创新之处时，主要应从如下几个方面着手：

（1）创新团队的研究过程中是否有方法创新，具体体现在哪些地方。

（2）研究成果的创新点具体体现在哪些地方，这些创新的理论价值和应用价值分别是什么。

（3）研究成果的创新情况与创新团队建立时预期的创新是否一致，如不一致，体现在哪里，原因是什么。

（4）如何实现创新性研究成果的转化。

（5）其他需要说明的创新性。

按照以上思路对创新团队的研究成果逐步加以"追问"梳理和总结，可以得出创新团队研究成果创新性的比重大小。若经过"追问"后，没有找到任何创新点或创新较少，则说明需要考虑调整该创新团队的研究方向；若有较多创新点，则可以考虑该创新团队继续沿着目前研究方向发展。

3. 团队为完成任务所采取的方法

研究方法是影响研究成果的主要因素，也是评估创新团队成果时必须考察的重要一环。在具体考察研究方法时，可主要围绕这样几个关键点：

（1）研究方法与研究内容的匹配性，即创新团队在研究过程中使用的研究方法是否科学。

（2）研究方法的协调一致性，即研究成果的取得是否在研究方法协调一致基础上得出，研究方法有无矛盾或冲突。

（3）研究成果是否得到不同研究方法的相互印证，即采取不同的研究方法得出是否一致的结论。

考察研究方法，主要是分析研究成果的得出是否科学，由此得出研究方法是否可行。若研究团队所采取的研究方法无科学合理性，则可考虑改变研究方法；若改变方法不可行或者改变方法对创新团队完成研究任务仍没有确切把握，则可考虑改变或调整创新团队的研究方向。

综合以上三个方面因素，我们得出创新团队是否可以在原来研究方向上继续发展的结论，以此为创新团队管理部门提供参考，也为创新团队自身发展提供思路。

（二）前期研究的问题

考察前期研究的问题与前期取得的成效，实际上是一个问题的两个方面。问题的发现更有利于创新团队的改进，因而前期问题是对创新团队进行考察的主要因素。

1. 研究成果的合理性问题

在对创新团队的任务完成情况进行评估的时候，首先要考察创新团队研究成果的合理性问题，即对创新团队研究成果的质量、学术规范、成果的科学性等问题进行考察，这是对创新团队进行评估的基本前提。换言之，如果研究成果不具备合理性，则这些成果不在考察之列，不能作为创新团队的成果进行考察，只有具备合理性的成果才能作为创新团队的研究成果进行考察。在对研究成果合理性进行考察的过程中，要重点把握这样几个问题。

（1）研究成果的质量。

研究成果的质量是指研究成果的创新性、科学性、合理性，它反映研究成果的"质"的问题。考察研究成果的质量，首先要看研究成果与创新团队设定的研究任务、研究目标、研究目的是否匹配，是否代表了创新团队的目标指向，如果与创新团队建立时设定的任务不匹配，那么即使研究成果的质量再高，也不能作为创新团队的任务加以考察。其次要看研究成果的科学性。高水平的研究成果具有新颖性、创新性、科学性，代表了本研究领域的较高水平。最后要看研究成果的系统性。创新团队作为一个相对完整的研究团队，其研究成果应该就某一研究对象而言具有相对的系统性，是对研究对象的全面系统化认识与创新，应该在指导研究对象方面具备全面性、系统性和可操作性。

（2）研究成果得出的过程。

对研究成果得出过程进行考察，主要目的在于进一步分析研究成果的真实性问题。这主要有以下几个问题需要分析：一是研究的问题是否是真问题，是否是创新团队需要研究的真问题；二是研究成果的基本假设是什么，该基本假设是否成立；三是成果的推导过程是否科学合理，从前提到结果之间有没有逻辑上的问题；四是研究成果是否得到进一步验证，成果是否具有普遍性。创新团队的研究工作比较复杂，涉及较多成员的复杂性、创新性劳动，每个人的研究又具有自身特点和差异性，创新团队的整体性成果是各个团队成员研究成果的整合与叠加，那么，创新团队的整体性研究成果是否具有科学合理性，就要看每个创新团队成员的研究工作是否具有科学合理性，要看每个成员的研究成果的得出过程是否具有科学合理性。

（3）研究成果的规范性。

对研究成果的规范性进行考察，主要是对研究成果的学术规范进行考察，目的在于分析研究成果的真伪与价值问题。考察研究成果的规范性，应分析这样几个问题：一是查研究成果（论文、著作、研究报告）的重复率，看是否存在抄袭、剽窃、变相抄袭、变相剽窃的问题；二是看研究成果的表达问题，是否符合学术思想表达的基本要求和规范；三是看研究成果是否存在学术侵权、学术造假、学术不严谨等问题，确保研究成果的合法性。

2. 研究过程的合理性问题

研究过程是指创新团队围绕目标任务、组织人力和物力、开展实施研究、最终形成研究成果的全过程，研究过程是否具有合理性，在研究成果质量保障方面具有重要意义。考察研究过程的合理性，应关注以下几个方面的问题。

（1）研究的实证性问题。

研究的实证性是指研究成果的得出是否遵循科学研究的基本规范要求，研究结论是否在科学性研究的基础上得出。就哲学社会科学而言，研究的实证性包括以下几方面：一是参考文献的引用是否规范，转引文献是否查看了原文献，是否存在歪曲原文献的情况，引用是否与本文论证的问题有契合性，是否存在牵强附会情况等；二是有关论点的得出是否具有可信服的数据材料的支撑，是否具有实地调查材料的佐证；三是调查研究是否符合学术规范，调查问卷的设计是否合理，调查样本的选取是否合理，调查数据的分析是否合理；四是研究成果的推导过程是否存在逻辑错误，研究结论是否具有唯一性；五是研究成果中是否存在前后矛盾之处，是否具有前后一致性等。

（2）研究的广度与深度。

研究的广度代表研究的普遍性，研究的深度代表研究的专业性。研究的广度与深度对保证研究成果的质量具有重要意义。考察研究成果的广度与深度，应把握以下几个环节的问题：一是对研究内容是否参考了国内外权威人物的观点和文献，参考资料是否具有局限性与瑕疵；二是研究成果是否参考了本研究领域国内外最前沿的研究成果，对于前后互相矛盾的研究文献是否进行了可信度分析，对把握不准的文献资料是否进行了适当取舍；三是研究过程是否具有全面性，是否对研究对象进行了全面系统的考察，是否准确把握研究对象与类似研究对象的区别与联系；四是研究过程是否具有系统性，是否从纵向和横向对研究对象进行系统性考察分析，是否正确把握研究成果在有关研究对象的系列成果中的地位与价值。

（3）研究的继承与创新。

创新团队的研究应该是继承与创新的有机结合，这也是保证研究成果质量的关键一环。考察创新团队研究过程的继承与创新，应把握以下几个问题：一是是否对研究对象的前期研究成果进行了全面系统分析，是否对前期研究成果的优缺点、与本研究的区别与联系进行了分析；二是整个研究过程对创新点的把握是否明确、到位，是否在研究对象的实质问题上进行了创新；三是在继承与创新之间是否正确理顺了前后关系，在继承与创新的价值关联上是否有正确的把握。

（4）研究的合作与交流。

创新团队是一个整体而又灵活的组织，研究过程既有关键人物的引领，也有骨干成员的合作，研究过程中有无合作与交流，是确保研究成果质量的又一因素。考察创新团队的合作与交流，应从以下几方面着手：一是看创新团队的分工是否合理，主要学术带头人是否承担主要任务和学术引领的关键作用，团队成员是否真正从事既具有挑战性又能胜任的任务，团队成员之间是否进行日常学术交流；二是看学术交流合作的效果，学术交流合作在研究成果的得出过程中是否具有有效性；三是创新团队是否广泛参与国内外有关同类问题的研讨会，是否就同类问题咨询过国内外权威专家学者等。

3. 团队自身的合理性问题

创新团队作为一个研究型组织，在组织结构框架体系、整体运行、组织规范等方面具有合理性，才能保障多出成果、出好成果。因此，考察创新团队自身的合理性问题，也是对创新团队进行评估的重要一环，应把握以下问题：

（1）团队的结构。从学历结构、职称结构、年龄结构、血缘结构加以考察，重点分析团队成员是否适合从事创新团队的创新性工作，是否有利于创新团队的协调发展，同时还要考察存在的问题与不足。

（2）团队的运行。从任务分工、学术交流、运行成效等方面加以考察，重点考察团队成员的研究积极性、主动性，同时也要考察创新团队成员对团队的负面情绪，以及造成创新团队运行过程中出现的困难与问题。

（3）团队的发展。良好的团队秩序、较好的学术氛围、积极的研究态势对创新团队的发展十分有利，否则将产生不利影响。从团队结构、制度建设、负责人的学术引领等方面考察创新团队的长远发展问题，分析其中的利弊和得失，考察影响团队建设发展的"瓶颈"因素，进而得出创新团队发展方向的评估性结论。

（三）后续研究的方向

在对前期研究的成果进行评估、对前期研究存在的问题进行分析的基础上，可以对研究团队的后期研究方向进行定位。也就是说，如果前期研究成果丰硕、问题较少，创新团队可以继续沿着既定研究方向研究下去，取得更深层次的创新性成果。反之，如果前期研究成果与创新团队建立时的目标任务存在较大偏差，前期研究存在一些问题，那么可以考虑对创新团队进行整改，或者调整甚至改变研究方向。对后期研究方向的评估，可以参照表8-8的情况，做出最终的结论。

表8-8 创新团队后续研究方向的评估表

评估指标	评估子指标	评估结论	后续研究方向的评估
前期研究的成效	团队任务完成情况		
	团队研究成果的创新情况		
	团队为完成任务所采取的方法		
前期研究的问题	研究成果的合理性问题		
	研究过程的合理性问题		
	团队自身的合理性问题		

二、研究能力评估

如果说对创新团队研究方向的评估注重对创新团队开展情况的"质"的把握的话，那么，对创新团队研究能力的评估则注重对创新团队开展情况的"量"的把握。对研究能力进行评估，既可以为创新团队今后的目标任务的设定提供参考，也可以为创新团队的长远可持续发展提供改革思路。评估创新团队的整体研究能力主要是从研究人员的能力、成员之间的合作、协同创新的能力三个方面进行考察。

（一）研究人员的能力

一个创新团队多则几十人，少则几人，创新团队成立之初，人员的加入是本着"安排"与"自愿"的原则设定的，团队负责人对每一个团队成员的研究能力并不十分清楚。那么，在创新团队开展过程中或者在一个研究周期结束后，创新团队负责人就需要对每个成员的研究能力进行再认识，团队成员之间也可以互相评价，以便为创新团队调整人选或采取改进措施提供意见，使创新团队在较高水平上高效运行。考察研究人员的能力，主要从以下两个方面着手。

1. 研究人员对团队发展的贡献

此处考察研究人员的能力，不能等同于对科研人员创新成果的学术评价，而是重点考察研究人员在团队发展中的实际贡献，目的在于为创新团队人员的调整提供参考。考察研究人员在团队的实际贡献，应主要把握以下环节：

（1）研究人员对创新团队整体性成果的贡献。这可以从定性和定量两个方面考察，定性考察主要看研究人员对团队成果创新做出的贡献，定量考察主要看研究人员的研究成果在团队整体成果中所占的比例大小。

（2）研究人员对其他成员的贡献。一是看研究人员对其他成员的学术引领方面的积极影响，对团队成员安心在团队中工作的意愿和主动性、积极性产生影响。二是看研究人员对其他成员产生影响的实际效果，在学术创新、承担任务、共同承担创新团队责任等方面有什么样的感召或影响。三是看研究人员对其他成员的其他影响力。研究人员通过自身的学术魅力和工作热情为团队其他成员带来了怎样的影响，是否有利于创新团队的建设发展。

（3）研究人员在团队文化塑造中的影响力。人是文化的核心，研究人员精神在团队文化塑造中具有灵魂作用。因此，要考察研究人员在创新团队发展中的文化引领与创新精神培育。对研究团队文化影响力的考察，应主要从其他成员的评价中把握。

2. 研究人员对团队发展的影响

研究人员在创新团队建设中既有积极影响和实际贡献，也可能有消极影响。考察研究人员在创新团队中的不良影响，可以从如下因素加以把握：

（1）研究人员"不作为"。不作为是指研究人员在科研创新团队中只挂名，没有开展实际工作，当然也不会有任何成果，更谈不上学术创新。研究人员"不作为"，一方面影响了创新团队的整体性成果，是导致创新团队最终"不作为"的根本原因，导致创新团队难以完成研究任务。另一方面会影响其他成员的工作主动性、积极性、自觉性。研究人员"不作为"，作为一种负面文化影响着团队其他成员的态度、精神和面貌，对创新团队开展研究工作设置了无形的"障碍"。"不作为"包括无能力的"不作为"和有能力的"不作为"，对二者要加以辨别。在团队建设中应分别不同情况加以对待，如对无能力的"不作为"可以清理出创新团队，或者进行学术培训；对有能力的"不作为"可以加强思想教育或者清理出创新团队，具体要看其对创新团队的作用而定。

（2）研究人员"不规范"作为。研究工作具有严谨性，学术创新需要尊重科学，如果研究人员对这些认识不到位，或者采取投机取巧的办法加以应付，必然在研究工作中犯下难以补救的错误，也会对创新团队造成难以挽回的损失，对团队其他成员产生负面影响。研究人员"不规范"作为包含学术失范、成果抄袭或剽窃、错误引用、逻辑错误等。研究人员"不规范"分为有意识的"不作为"和无意识的"不作为"，对前者必须进行严肃处理、清理出团队，直至追究法律责任；对后者也应进行批评教育、学习培训，或者清理出团队。

（二）成员之间的合作

合作创新是科研创新团队的基本工作模式，也是组建科研创新团队应秉承的基本原则。但在实际的科研创新团队运行中，成员之间的合作由于受到各种因素影响，合作情况不一，为此，要对创新团队的合作状况进行考察，作为考察创新团队能力和对团队进行调整的重要参考因素。

1. 成员之间的有效合作

当今，学科发展呈现出日益交叉融合的趋势，人们对问题的深入研究，往往需要借助多学科的理论，不可能通过单一学科完成，因此，创新团队建设应体现学科之间有效的交叉与融合。如此一来，创新团队的研究必然需要成员之间的合作交流、协同创新。当我们对一个创新团队（成员）的能力进行考察的时候，团队之间的有效合作是一个重要参数。考察团队成员之间的有效合作需要把握以下几点：

（1）合作的真实性。合作的真实性是指合作建立在真正的研究工作基础上，而不是其他方面。团队成员之间的合作应该是团队成员借助自身学科知识，在团队研究过程中就某一需要突破的科学问题进行不同学科间的探讨与论证，使问题得到解决，从而产生研究上的创新或方法上的创新。这种合作主要体现在研究过程中成员之间的真实互动，是对真实问题的解决，可以有效推动研究工作。

（2）合作的效率性。合作的效率性体现在三个方面：一是合作的及时性。创新团队分工明确，成员之间各自以不同的方式开展，难免在研究过程中遇到困难，如果在这个关键时刻能够得到其他成员的合作与帮助，将加快创新团队的研究进程。二是合作的方式和方法得当。团队成员之间的合作，以问题为契合点，因此，合作要建立在学科之间的互补性基础之上，是一种技术含量较高的合作。不得当的合作不仅无助问题的解决，而且易对对方造成误导，延误了研究进程。三是合作的效果明显。合作的目的是解决问题，所以合作要体现解决问题的效果，才是真正的合作。团队成员要通过交流，了解对方遇到问题的具体情况，才能进一步把握合作的时机与方式，从而使问题得到解决。也就是说，科研合作要有针对性、科学性。

（3）合作的相互性。团队成员之间的合作是双向的，不是单向的。面对创新团队的总体任务，团队成员之间既有分工又有联系，团队成员之间的研究任务具有互相关联性，这就是团队成员之间需要双向合作的现实基础。当某个成员遇到研究困难，与其他成员之间实现了有效合作的时候，问题得到了解决，成员的研究进程就会顺利。以此类推，整个创新团队的研究进程就会加快。

2. 成员之间的无效合作

成员之间的合作有时候是无效的，这不仅不利于研究问题的解决，而且会影响整个创新团队的研究进程。所谓无效合作，主要指合作对问题的解决是无效的。主要有这样几种情况：一是合作没有聚焦研究存在的问题。科研创新团队的合作应该是针对问题的合作，离开了具体的研究问题，就失去了科研合作的基础。二是合作没有建立在有效的方式和方法基础上。在聚焦真实的科研问题之后，还要找准问题合作的方式和方法，否则，合作的效果就会大打折扣，不利于问题的解决。三是合作没有把握最佳时机。合作的最佳时机体现在研究过程中遇到困难的时候，如果问题久而不解决，势必造成不利影响。

（三）协同创新的能力

创新团队具有开放性、动态性、多节点、协同趋向等特性，其结构是由复杂的知识交流、互赖关系和资源流动所构成的开放性系统。团队中的各个节点通过正式和非正式的契约、信息流和社会关系等进行合作交流，从而逐步提高协同创新的能力。因此，创新团队具有显著的协同效应，在能力互补、降低交易费用、扩大知识信息交流等方面具有巨大优势。如果说合作交流是创新团队成员之间的基本工作方式的话，那么协同创新则是创新团队与其他创新机构之间的基本工作模式。

1. 团队内部不同学科之间的协同创新

具有高度自组织能力的创新团队在"共享"和"协调"目标以及松散、灵活的组织文化理念的支持下，共同处理组织事务，维持组织的运转，发生互惠、互信、学习、伙伴关系、分权等联系。其创新的促进机制体现在两个方面：一是各创新主体的合作共享与共同攻关能够在一定程度上缓解单个主体在人力资本、知识、技术积累以及研发能力上的不足，有助于突破自身的资源限制，有利于提高绩效进而达到总体和个体的最优；二是不同创新主体之间的信息交流、知识技术的传播、转移和共享，可以分担成本、分散风险、增强核心能力，形成个体和总体的竞争优势。但应当注意的是，协同效应的产生需要多种因素的共同作用，特别是创新团队在运行过程中，不同主体之间的差异、信任等问题，同样影响协同度、协同创新能力等。

基于以上特征，创新团队内部不同学科之间的协同创新显得尤为重要。团队内部成员之间是否协同创新，是考察创新团队能力的关键环节。这种协同创新主要体现在以下几个方面：

（1）协同创新的意愿。在创新文化的影响下，成员之间由于知识互补、资源共享，在协同创新方面达成共识，具备联合攻关的思想准备和行动意愿。这是实现协同创新的思想基础。

（2）协同创新的能力。协同创新除了具备自身的学科基础，还应具备一定的组织协调能力、专业交流能力、技术思想表达能力和必要的人际关系沟通能力，这样才能实现协同创新。这是协同创新的专业基础。

（3）协同创新的效果。协同创新要重点把握研究的难点、重点和创新点，通过协调一致的联合攻关和采取必要措施，科研问题得到解决，实现创新团队在研究关键点上的突破。这是协同创新的目的。

2. 团队与外部组织的协同创新

为了解决自身研究领域与其他研究领域的"边界"或衔接问题，创新团队需要与外部组织进行协同创新。这种协同创新不是为了实质性问题的创新，而是为了实现自身研究领域的研究成果的适当拓展或必要衔接。在考察团队与外部组织的协同创新问题上，应把握这样几个环节：

（1）基于成果界定的协同创新。为了明确自身研究领域的创新性成果，也为了明确创新性成果的应用前景，创新团队需要与具有类似研究领域的科研组织加强沟通和协同，使不同科研创新团队之间的研究目标任务更加明确，突出研究重心。

（2）基于成果衔接的协同创新。任何研究都是学术研究整体的一部分、一个环节，创新团队的研究只是整个科学研究范畴中的一小部分，如何与其他创新性研究有机衔接，对于整个科学研究体系具有重要意义。

（3）基于成果转化的协同创新。研究机构之间的协同创新有利于创新性成果的转化与应用。科研创新团队通过与外部组织之间的协调一致，体现出成果应用的明确化，为科研成果转化做好了准备。

总之，创新团队研究能力问题的研究与梳理，主要是把握对团队研究能力的评估，对有潜力的团队，应该继续加强建设。具体评估模式可以参照表8-9的情况，做出最终的结论。

表8-9　创新团队研究能力的评估表

评估指标	评估子指标	评估结论	团队研究能力的评估
研究人员的能力	研究人员对团队发展的贡献		
	研究人员对团队发展的影响		
成员之间的合作	成员之间的有效合作		
	成员之间的无效合作		
协同创新的能力	团队内部不同学科之间的协同创新		
	团队与外部组织的协同创新		

三、预期成果评估

预期成果评估是指在以上团队研究方向评估和研究能力评估的基础上，进一步根据团队的实际研究成果与研究能力，预测其未来研究成果的一种评估，也是考察创新团队是否继续开展创新研究、如何创新研究等问题，是对创新团队未来发展的评估性预测。对团队预期成果的评估，需要从以下三个层面着手。

（一）基于团队成员的研究成果评估

对团队成员既定研究成果进行评估，可以考察得出团队成员的研究能力，明确其研究方向，发现其优缺点和发展潜力，为综合评估下一步创新团队的预期成果提供参照；也可以通过对团队成员研究成果的评估，进而推测得知创新团队整体研究成果的水平与质量。对创新团队成员研究成果的评估，重点应把握以下几点。

1. 定性评估——考察团队成员的创新能力

定性评估是以评估者的经验、学识为依据，主观判断被评估对象相关指标的优劣。该评估方法主要有两种：一是同行评议法，二是德尔菲法。同行评议是将评估的科研活动结果的质量以不同的指标描述，并形成一个评估指标体系，再邀请同行专家，按照这个指标体系对相关的科研活动或科研要素进行评估。这种方法是在同一个指标体系即同一个标准中，通过通信评审、会议评审等多种形式对科研能力进行全面的评估。但该方法在会议讨论中可能出现从众心理，无法表达真实意愿等。为避免这一问题的出现，可以采取德尔菲法。该方法不设统一标准，由专家独立完成评估。经过多轮反馈，汇集专家意见，最终形成一个评估结果。定性评估方法整体较为常用，鉴定其成员均是评审领域的专家，对所评审的领域了然于胸，因此能比较准确地定位科研成果的质量，给出一个大多数人能够接受的评估结果。但由于没有客观标准，难免出现关系网、马太效应等，导致评估结果缺乏客观公正性。特别是在应用学科、交叉学科或新兴学科评审中凸显这一评估方法的局限性。

对创新团队成员科研成果的定向评估，其主要目的在于考察成员的专业能力和创新能力，以成员的创新能力来判断创新团队整体的创新能力，并可以对后续研究成果加以预测。在定性评估过程中，除了对成果本身的评估，还应重点考察这样几个环节：

（1）团队成员的创新性成果在团队整体创新成果中的地位与作用。对此问题的考察，可以明确成员在团队中的地位、价值和作用，是考察团队发展方向的因素之一。

（2）团队成员的创新性成果对团队其他成员的影响。此项考察可以明确成员在团队中的核心作用，成员在团队建设中不可或缺，团队应加强对这类人才的激励与稳定。

（3）团队成员的创新性成果在团队后续研究中的价值。此项考察可以明确成员在团队中的深远影响，明确团队未来发展需要留住的人才，明确团队发展的中坚力量。

2. 定量评估——考察团队成员的创新成效

定量评估是根据收集到的与科研能力相关的评价数据进行评估的方法。这一方法能最大限度地避免在评估过程中的主观任意性，使评估结果免受主观影响，更符合客观实际。

定量评估在考察创新团队成员中的作用：工作量考察，以此作为津贴分配的依据；创新能力考察，以此作为考察创新团队研究能力的下位指标；团队活力考察，以此作为团队是否继续建设的依据之一。在定量评估考察团队成员创新成效方面，需要重点把握这样几个问题：

（1）确定好定量评估的指标体系。指标体系可以防止评估专家的主观随意，使得评估更客观，更具有说服力和影响力，对于其他团队成员具有启发与带动作用。

（2）考察创新成果产出时间的均衡性。正态的研究成果分布，说明成员的研究工作比较稳定；否则，说明团队成员突击研究，成果质量难以保证。

（3）定量评估应与定性评估相结合。定量评估虽具有优点，但也有缺点。若一味追求数量，往往使团队的整体研究较为凌乱，而且对数量的追求会导致研究成果与创新团队任务联系不密切、成果不能支撑创新团队目标任务等情况。

3. 综合评估——考察团队成员的综合能力

在定性评估、定量评估基础上，还需要对团队成员进行综合性评估。综合评估是指从发生学的角度，按照成员在团队中实际发挥作用的大小考察其业绩，明确成员在团队研究中的综合能力。对团队成员进行综合评估，要立足以下的层面和环节：

（1）参与度。参与度指团队成员在创新团队建设周期内的参与程度，对待研究工作的态度，在团队研究工作中的努力程度以及为团队做出的实际贡献。通过该项目的考察，可以了解团队成员对创新团队的工作热情和责任心，是保证创新团队不断提升水平和层次的强大动力，也是创新团队综合实力的具体体现。

（2）协调力。协调力指团队成员在组织协调创新团队开展工作方面的能力，特别是在创新团队攻坚克难的过程中，特别需要具有协调能力的成员加以组织，这是保证创新团队逐步走出困境的强大力量。通过对团队成员的此项考察，团队可以了解成员在团队中的影响力和凝聚力。

（3）影响力。创新能力与协调能力会产生相应的影响力，影响力则会培育浓厚的创新文化，推动创新团队不断提升层次与水平。考察成员在团队中的影响力，可以作为团队继续建设过程中人事更换或岗位调整的重要参考。

（二）基于协同创新的研究成果评估

创新团队的整体性成果应该是各个成员研究成果的整合与积累，也是团队成员协同创新的结果。对基于协同创新的研究成果进行评估，可以了解团队成员的协同度和研究工作的积极性，为创新团队的后续工作开展提供可参考的意见。该项评估主要从以下层面着手。

1. 考察成果的协同创新情况

创新团队重在协同创新，不是团队成员的单打独斗，创新性成果中凝聚着团队成员的协同创新，是每个团队成员的创新贡献的集合体，这是创新团队的特点。团队对成果的协同创新情况加以考察，实际考察的是创新团队是否正常运行的问题。创新团队成果的协同创新程度高，说明团队运行良好，方向可行、方式得当，可以继续发展下去，产生更多的创新性成果；反之，则说明创新团队内部协同创新不够。如果创新团队成果的协同创新程度低，就要分析原因，按照创新团队协同创新的原则加以整改，将创新团队的工作方式引领到协同创新的正常轨道。对此项环节的评估，主要在于分析创新团队的运行状况，以便做出整改、中止、继续发展等决定，发挥创新团队应有的作用。

2. 分析协同创新基础上得出成果的创新性

评估创新团队的研究成果，不仅要评估创新团队成果的得出是否存在较大比例的协同创新环节，还应评估基于协同创新得出成果的创新性问题。如果说前者为"量"性评估的话，那么后者就是"质"性评估。此项评估目的在于分析创新团队成果的创新性，是否是最新研究成果，是否具有先进性的研究成果，并对科研成果转化进行预测评估，分析创新成果的经济与社会价值。通过此项评估，可以判断创新团队存在的价值与意义，为创新团队的整改、重组、深化等提出建设性意见。

3. 分析协同创新在创新团队中的重要意义

由以上分析可知，创新团队的意义在于协同创新，反过来讲，协同创新是创新团队的工作方式。可见，协同创新在创新团队建设中具有重要意义。

（1）协同创新是创新团队完成任务的根本保障。创新团队的工作方式与个人的研究，其不同点就在于协同创新，在于全体成员之间互相合作交流，联合攻关，形成合力，发挥"1+1>2"的团队效应。

（2）协同创新可以保证创新团队成果的创新性。创新团队中不同学科、不同背景、不同思维方式的成员之间互相合作、互相启发、思想产生碰撞，更加容易形成创新性成果，促进创新团队深入持续发展。

（3）协同创新对于创新团队的深入发展至关重要。协同创新本身是维系创新团队良好运行的基础，是创新团队产出成果的重要路径，也是创新团队不断发展的内在动力。

因此，对协同创新在创新团队中重要意义的评估，是分析创新团队运行合理性的内在根据，也是考虑创新团队是否需要整改的重要依据。

（三）基于信息开放的成果风险评估

当今社会是信息化社会，新知识层出不穷，大数据更加丰富了资源的整合与开放程度。创新团队的成果具有很强的时效性和开放性，为了避免创新团队的成果被剽窃或使用，创新团队应该在第一时间将创新成果公开发表，为公众提供可参考的信息资料。另外，由于领导失误导致创新团队方向出现偏差，产出与创新团队目标任务不一致的成果，这是创新团队必须予以规避的。创新团队建设中应规避以下几种风险。

1. 疏于管理引发风险

创新团队建设周期一般为 3 年左右，在建设过程中，团队成员各有差异，时刻需要负责人加强管理，以免出现研究方向上的偏差。对疏于管理引发的风险进行评估，主要把握以下几点：

（1）团队负责人对创新团队的管理状况。团队负责人应对创新团队给予足够的重视和管理，督促创新团队成员的研究工作，激励成员积极工作，防止投入经费得不到应有的回报。

（2）团队成果与建设目标任务的一致性。管理是指挥棒，可以引领研究方向，避免团队成员由于缺乏管理而出现研究方向上的偏差和研究成果的失范。

（3）团队成果的价值。创新团队的核心是创新，要取得有价值的创新，以服务经济建设与社会发展。对团队建设疏于管理，有可能导致成果创新不够、无创新等情况，导致成果价值低下。这是创新团队必须深入思考的问题。

2. 规划失当引发风险

创新团队是高校为了提高自身影响力而投入大量经费建设的

研究团队，因此，要避免出现"投入高、产出少"的风险，创新团队建设必须进行很好的规划。由于规划失当引发风险，必然造成重大损失。该项评估重点应考察以下几点：

（1）对困难考虑不周引发风险。这主要是团队负责人要充分考虑、分析、论证的问题。避免投入大批经费而不能产出预想的创新性成果，造成人力、物力、财力的巨大浪费。

（2）对意外事件缺乏思想准备引发风险。研究工作中有些意外事件，如团队负责人调动，团队骨干成员离开团队，以及其客观原因等，对于这些问题要有充分的估计，并做出预案，以便在发生意外事件时能够做出补救安排。

3. 论证不充分引发风险

创新团队建设是一项重要工程，涉及人力、物力、财力，事关学校科研大计。创新团队在组建之初，应该进行足够的风险评估，以免造成重大损失。

（1）注意规避由于信息更新速度快而导致研究团队中止的情况。信息社会中知识创新与更新的速度加快，使得研究内容和目标变化快，在这方面，创新团队应有足够的预见性，避免重复研究与无效研究。

（2）注意防止由于物质条件缺乏导致研究工作受阻。研究工作投资较大，要做好充分的预算安排，不能出现"捉襟见肘"、难以应对的局面，导致研究工作停滞。

（3）注意防止由于人员调动引发研究工作受到重大影响。人的因素至关重要，团队建设周期长，难免有些成员工作变动，特别是骨干研究人员，对此要有充分的预见性，要有"替补"性预案。

4. 信息开放引发风险

要注意保护创新团队的最新研究成果，避免被盗用、被剽窃、被使用，造成创新团队处于尴尬的境地。在这个环节，重点要把握以下问题：

（1）防止团队成员泄密。有些团队成员受到金钱的诱惑，私欲膨胀，拿团队的研究成果做交易，导致团队的研究成果被别人"抢占先机"，造成重大损失。

（2）防止信息意外泄露。由于创新团队成员多，关系复杂，保密性措施不足，往往引发信息的意外泄露，对此，创新团队应加强制度建设，杜绝此类现象发生。

（3）防止信息发布滞后。对于创新团队的创新性成果要及时发表，这一方面是适应信息社会知识更新快的特点，将最新成果发布出去，尽快转化为现实生产力；另一方面是为了信息安全，防止被泄露，以免创新团队造成损失。

总之，探讨创新团队预期成果的评估问题，实际上是考虑创新团队继续发展的价值问题，是对创新团队的前景评估的重要环节。换言之，如果对创新团队运行一个周期之后，发现创新团队实力不足，或者出现较多问题，导致其下一步预期成果不明朗，那么创新团队继续发展的前提就不存在了；相反，如果发现创新团队实力充足，各项运行指标正常，对预期成果很有自信，那么，创新团队完全可以持续向前发展。对于创新团队预期成果的评估，可以参见表 8-10。

表 8-10　创新团队预期成果评估表

评估指标	评估子指标	评估结论	团队预期成果的评估
基于团队成员的研究成果评估	定性评估——考察团队成员的创新能力		
	定量评估——考察团队成员的创新成效		
	综合评估——考察团队成员的综合能力		

评估指标	评估子指标	评估结论	团队预期成果的评估
基于协同创新的研究成果评估	考察成果的协同创新情况		
	分析协同创新基础上得出成果的创新性		
	分析协同创新在创新团队中的重要意义		
基于信息开放的成果风险评估	疏于管理引发风险		
	规划失当引发风险		
	论证不充分引发风险		
	信息开放引发风险		

参考文献

曹如军. 成就需要理论视角下高校协同创新团队建设 [J]. 煤炭高等教育，2017 (3).

曹如军. 大学教师与大学教师评价：人性理论的视角 [J]. 江苏高教，2010 (6).

陈玉琨. 教育评价学 [M]. 北京：人民教育出版社，1999.

陈振明. 公共管理学——一种不同于传统行政学的研究途径 [M]. 北京：中国人民大学出版社，2003.

池颖. 我国高校科研创新团队建设研究 [D]. 长春：吉林大学，2009.

丁荣贵，杨乃定. 项目组织与团队 [M]. 北京：机械工业出版社，2005.

杜潇，林莉. 大学科研创新团队激励机制构建研究 [J]. 中国电力教育，2010 (33).

冯明. 组织中个体寻求反馈行为的研究 [J]. 心理学动态，1999 (4).

宫丽华. 新建本科院校科研创新团队建设的制约因素分析 [J]. 东岳论丛，2010 (7).

龚孝华. 从"抽象的人"到"具体个人"：学校教育评价改革的基础 [J]. 教育发展研究，2009 (Z1).

韩延明.理念、教育理念及大学理念探析［J］.教育研究，2003（9）.

何彦.构建高效团队的五大路径［J］.企业改革与管理，2011（12）.

Katzenbach J R，Smith D K. The wisdom of teams：Creating the high performance organization［M］. Boston，MA：Harvard Business School Press，1993.

李保国.高校创新团队要件互动机制与发展过程分析［J］.集美大学学报（教育科学版），2016（6）.

李超任，王润桃.协同创新助推新建本科院校科技创新能力提升［J］.中国高校科技，2013（12）.

李俊华.知识冲突情境下高校科研创新团队建设研究［J］.科技经济市场，2016（10）.

李巍，王亚丽，高瑜.新建本科师范院校科研创新团队的建设与管理［J］.成都师范学院学报，2014（12）.

李亚雄.最新高校科研创新团队建设研究与科研质量评价标准实用手册［M］.北京：高等教育出版社，2016.

李运庆.新晋本科院校科研创新团队建设内涵及意义探析［J］.阜阳师范学院学报（社会科学版），2012（4）.

廖佚.我国高校创新团队管理问题及对策研究［D］.长沙：国防科学技术大学，2012.

林莉.知识联盟中知识转移的障碍因素及应对策略分析［J］.科技导报，2004（4）.

刘惠琴.高校团队创新绩效评估：模型与实证研究［M］.北京：清华大学出版社，2007.

陆萍，曾卫明.高校创新团队管理的协同机制研究［J］.黑龙江教育学院学报，2010（8）.

慕静，王仙雅.高校科研创新团队的运行机制研究［J］.高等农业教育，2015（2）.

彭国甫.地方政府公共事业管理绩效评价研究［M］.长沙：湖南人民出版社，2004.

齐二石.公共绩效管理与方法［M］.天津：天津大学出版社，2007.

乔恩·R.卡曾巴赫，道格拉斯·K.史密斯.团队的智慧——创建绩优组织［M］.北京：经济科学出版社，1999.

芮明杰.管理学：现代的观点［M］.上海：上海人民出版社，2005.

田兴国，吕建秋，叶李，等.高校科技评价认知度及满意度实证分析［J］.中国高校科技，2017（7）.

王冬.领军人物与创新团队——王智彪团队的启示［D］.重庆：重庆医科大学，2007.

王嘉蔚，等.浅谈高校科技创新团队的建设和管理［J］.科技管理研究，2015（10）.

王军.学科交叉型高校科研创新团队建设与管理研究［D］.武汉：华中师范大学，2012.

王梅，李亚婕，王怡然.科研团队信任关系的构建研究［J］.科技管理研究，2008（1）.

王奇，冯晖.高等教育绩效评估研究［M］.北京：高等教育出版社，2012.

王伟.论高校科技创新团队的组成模式及核心要素［J］.黑龙江高教研究，2011（4）.

王亚莉，李巍.新建本科师范院校科研创新团队建设：现状与路径［J］.中国成人教育，2015（13）.

王峥，王永梅.高层次创新型科技人才选拔中评价中心技术应用初探——以科研项目负责人为例［J］.科技管理研究，2012（1）.

胥刚.新建本科院校提升治理能力的路径［J］.西昌学院学报（社会科学版），2015（3）.

徐建军.国有企业激励机制的研究［J］.中国机电工业，2005 （5）.

杨炳君，姜雪.高等学校科研创新团队人力资源管理模式创新研 究［J］.大连理工大学学报（社会科学版），2006（1）.

杨洪.政府绩效评估 200 问［M］.北京：人民出版社，2007.

张淼.新建本科院校创新团队管理机制问题分析［J］.教育与职 业，2016（14）.

张艳玲.高校科研创新团队建设的现状与对策［J］.福建医科大学 学报（社会科学版），2009（12）.

赵希斌.国外发展性教师评价的发展趋势［J］.比较教育研究， 2003（1）.

仲理峰，时勘.绩效管理的几个基本问题［J］.南开管理评论， 2002（3）.

周春娟.创新团队激励机制构建探讨［J］.中国高校科技，2015 （7）.

周洪利.高校科技创新团队组建和管理研究［D］.天津：天津大 学，2007.

卓越.公共部门绩效管理［M］.福州：福建人民出版社，2004.

后　记

　　历经三年的不懈努力，在四川省社科联、成都师范学院科技处、四川大学出版社的大力支持与帮助下，四川省"十三五"社科规划项目"新建地方本科院校哲学社会科学科研创新团队建设研究"（SC16B010）的研究成果——《新建本科院校科研创新团队建设与管理》一书终于出版。

　　首先，我们感谢绵阳师范学院、乐山师范学院、攀枝花学院、宜宾学院、内江师范学院等新建本科院校的领导和专家们为我们课题调研提供的帮助。他们用自己多年教学科研的困惑与经验，督促本研究深入探究与反思：怎样为新建本科院校科研创新团队建设提供更好的帮助？这种不断的反思促进我们一路向前，为新建本科院校科研创新团队的建设不断努力。

　　其次，我们由衷地感谢参与本书收集、翻译、整理、问卷调查和统计工作的寇尚乾教授、刘小强博士、叶剑博士、燕镇鸿博士、谢丹老师、何江老师。另外，本研究在思路构想、理论探讨、问卷设计、调查实施、数据统计等方面，还得到了成都师范学院科研与学科建设处王京强副处长以及教育学院各位同事的鼎力协助，正是在他们的无私帮助下，最终使得本书得以顺利完成。

　　最后，感谢四川大学出版社领导和编辑的大力支持！

　　我们相信本书研究成果的展现，会使新建本科院校科研创新团队受益，会促进新建本科院校科研创新团队建设的蓬勃发展。

著　者

2019 年 3 月